W0171413

SIMONE KUHNT

# *Typen und Touren im* Bayerischen Wald

66 LIEBLINGSPLÄTZE
*und 11 Ausflüge über die Grenze*

**SIMONE KUHNT**

# *Typen und Touren im* Bayerischen Wald

**FÜR WAIDLER UND WEITGEREISTE**

Bildverzeichnis: Bis auf die im Folgenden genannten stammen alle Bilder von der Autorin. Christian Sedlmeier (Seiten 12–13, 41–42, 50, 66, 72–73, 118, 148, 184–185), Peter Haimerl (24), Aqacur/Geising und Böker, Philipp Neise (26), Matthias Wutz (36), Wolfram Thies (58), Schnitzmühle Sebastian Nielsen (62), Herbert Pöhnl (64), Haus am Kopf Martin Six (78), Drumherum Roland Pongratz (96), Tourist-Information Rinchnach (100), Vera Geiring (112), Die Erlebnis AKADEMIE AG (118), Hermann Haydn (136), Garhammer/Blocher Blocher (154), Werbeagentur Atelier & friends (156), Marco Lebschi/LBRmedia (158), Roland C. Ritter Kommunikationsdesign (160), Heiko Mandl Photography (170), OÖ Tourismus/Röbl (172)

Autor und Verlag haben alle Informationen geprüft. Gleichwohl wissen wir, dass sich Gegebenheiten im Verlauf der Zeit ändern, daher erfolgen alle Angaben ohne Gewähr. Sollten Sie Feedback haben, bitte schreiben Sie uns! Über Ihre Rückmeldung zum Buch freuen sich Autor und Verlag: lieblingsplaetze@gmeiner-verlag.de

Literaturverzeichnis:
Seite 83: Andreas Zeitler: *Die Prophezeiungen des Mühlhiasl*, Regenstauf: Süd-Ost 2011; Manfred Böckl: *Opfersteine, Göttinnenquellen und Druidenthrone – Prähistorische Kultstätten und andere geheimnisvolle Plätze im Bayerischen Wald*, Riedlhütte: Ohetaler-Verlag, o. J.
Seite 171: Adalbert Stifter: *Der Hochwald*, Prag: Vitalis 2002.
Seite 131: Karl Klostermann: *Aus der Welt der Waldeinsamkeiten*, Grafenau: Morsak 1993.

Besuchen Sie uns im Internet:
www.gmeiner-verlag.de

© 2014 – Gmeiner-Verlag GmbH
Im Ehnried 5, 88605 Meßkirch
Telefon 07575/2095-0
info@gmeiner-verlag.de
Alle Rechte vorbehalten
1. Auflage 2014

*Lektorat/Korrektorat:* Claudia Reinert
*Satz:* Mirjam Hecht
*Bildbearbeitung/Umschlaggestaltung:* Alexander Somogyi
unter Verwendung eines Fotos von Fred Wutz:
Drache Tradinno beim Further Drachenstich
*Kartendesign:* Mirjam Hecht
*Druck:* AZ Druck und Datentechnik GmbH, Kempten
Printed in Germany
ISBN 978-3-8392-1628-6

## SÜDLICHER BAYERISCHER WALD

# DA WOID IS SCHEE
*Vorwort*

Wenn ich beruflich im Bayerischen Wald unterwegs bin, fühlt sich das für mich wie Urlaub an. Die Landschaft allein ist erholsam, auch ohne selbst wandern, mountainbiken, langlaufen oder Ski fahren zu gehen. Wenn man mehr Zeit hat, findet man sich mal an mystischen Plätzen wieder, mal auf unkonventionellen Festivals. Mal lernt man eigensinnige Typen kennen, mal genießt man das Grün des sich erneuerndes Waldes oder ein erstklassiges Essen auf einer Terrasse mit Alpenblick. Manchmal geht es leise und schöngeistig zu, manchmal laut und archaisch: Genau das ist der Reiz dieser Gegend und ihrer Bewohner.

Der Bayerische Wald erstreckt sich über rund 100 Kilometer hinweg entlang der Grenze zwischen Bayern und Tschechien. Bevor der Eiserne Vorhang existierte, betrachtete man das Gebiet, zu dem ein Teil Österreichs gehört, jahrhundertelang als eine gemeinsame Kulturregion – den Böhmerwald. Doch mit der Trennung von Ost und West begannen die Menschen, zwischen dem Bayerischen Wald und dem Böhmerwald zu unterscheiden. Seit Tschechien dem Schengenraum beitrat, fasst man das Mittelgebirge aber zunehmend wieder als eine Einheit auf. Eine Einheit, die den Naturraum betrifft. Und eine kulturelle Einheit, die heute wie damals Keimzelle kreativer Menschen und herausragender Künstler ist. In diesem Buch spiegelt sich diese Einheit in den 11 Ausflügen über die Grenze wider.

Die höchsten Erhebungen des Bayerischen Waldes sind der Große Arber mit 1.456 Metern und der Große Rachel mit 1.453 Metern. Im Ostteil entstand 1970 Deutschlands erster Nationalpark, der Nationalpark Bayerischer Wald. Er wurde 1997 erweitert und bildet zusammen mit Tschechiens Nationalpark Šumava das größte Schutzgebiet Europas. Er bietet fast ausgestorbenen Tieren wie Wolf, Luchs und Fischotter ein Zuhause und ist für Besucher sehr gut erschlossen.

Viel länger als der Wirtschaftsfaktor Tourismus haben die Glasherstellung und Glaskunst Tradition: Der Bayerische Wald ist nach wie vor *die* Glasregion Deutschlands. Wer der Glasstraße folgt, erfährt alles über die mittlerweile sehr spezialisierte Branche. Der Grund für die Ansiedelung der Glashütten waren die Quarzvorkommen und die reichliche Verfügbarkeit von Holz, das man zum Erhitzen der Masse benötigte.

Geologisch gesehen besteht der Bayerische Wald hauptsächlich aus Gneisen und Graniten. Er stellt den südwestlichen Rand der Böhmischen Masse dar. Auf seinem Hauptkamm verläuft die Grenze zu Tschechien, im Südosten liegt die Grenze zu Oberösterreich. Die Lieblingsplätze in diesem Buch teilen sich auf in den Nördlichen, Mittleren und Südlichen Bayerischen Wald, die elf Ausflüge über die Grenze schließen sich im Osten jeweils an diese Gebiete an.

Spielte vor rund 100 Jahren die Holzgewinnung noch eine große Rolle, zeichnet sich der Bayerische Wald heute unter anderem durch Hightech-Unternehmen aus, die zum Teil weltweit aktiv sind. Und auch wenn Autobahn und Flughafen nicht in nächster Nähe sind: die Firmen bekennen sich zu ihrem Standort und den bodenständigen Menschen hier.

Die »Waidler« – so nennen sich die Bewohner des Bayerischen Waldes – sind stolz auf ihren »Woid«. Das kommt auch in dem oft und inbrünstig gesungenen Lied »Mir san vom Woid dahoam« zum Ausdruck. 1938 komponierte es Ferdinand Neumaier, mehr als 70 Jahre später verwandelten Schüler des Gymnasiums Grafenau das Volkslied in einen Rock-Song im Dialekt. Welcher Musikstil auch immer gewählt wird, der Text und die zum Ausdruck gebrachte Heimatverbundenheit bleiben immer die gleiche.

In der letzten Strophe des Liedes kehren die zwei Waidler, die eine Reise in die Donaustadt Straubing unternommen hatten, schnell wieder zurück in ihren Wald: »Håt uns net gfoin då draußt, håbm müaßn glei hoam geh. Mia san vom Woid dahoam, da Woid is schee.«

NÖRDLICHER
BAYERISCHER WALD

DER KOHLSCHACHTEN AM LATSCHENSEE

**DRACHENSTICH-FESTSPIELE /// STADTPLATZ 4 ///**
**93437 FURTH IM WALD /// 0 99 73 / 5 09 70 ///**
**WWW.DRACHENSTICH.DE ///**

**DRACHENHÖHLE (VON ANFANG APRIL BIS ENDE OKTOBER) ///**
**ESCHLKAMER STRASSE 10 /// 93437 FURTH IM WALD ///**
**0 99 73 / 5 00 93 29 /// WWW.FURTHER-DRACHE.DE ///**

Die Luft ist rein: Der Drache Tradinno hat die Augen geschlossen und schnarcht friedlich vor sich hin. Doch immer wieder wird der größte vierbeinige Schreitroboter der Welt aufgeweckt – zu bewegten Vorführungen, bei denen er zeigt, was er kann, und vor allem zum Further Drachenstich, dem alten Volksschauspiel, das jährlich im August stattfindet. Von Anfang April bis Ende Oktober erfahren wir in seiner Höhle mehr über seine Entstehung und die Tradition des Schauspiels.

Dessen Anfänge reichen zwar mehr als 500 Jahre zurück, Handlung und Aussage wurden jedoch ständig dem Zeitgeist angepasst. Diente der Drache der Katholischen Kirche während der Reformation als Sinnbild für das Protestantische, symbolisierte er im Kalten Krieg den Kommunismus. Derzeit kritisiert das Schauspiel vor dem Hintergrund der Hussitenkriege im 15. Jahrhundert religiösen Fanatismus. Bekämpft und besiegt wird das Untier alljährlich von einem neuen Ritterpaar aus der Further Bevölkerung.

Die früheren Drachen bestanden aus Leinwand, Pappe und Leder. Sie bewegten sich auf Rädern und in ihrem Maul steckte eine Blase mit Rinderblut, die der Ritter mit seiner Lanze treffen musste. Im Laufe der Zeit wurden die Untiere immer moderner.

Von 2006 bis 2010 baute die Firma Zollner Elektronik AG mit mehr als 20 weiteren Firmen und Institutionen ein High-Tech-Monster, das wegen seiner gewaltigen Ausmaße im Guinness-Buch der Rekorde steht: 4,5 Meter hoch, 15,5 Meter lang, 3,8 Meter breit und mit einer Flügelspannweite von 12 Metern bringt es der neue Drache auf ein Gewicht von 11 Tonnen. Finanziert haben das 2,3 Millionen Euro-Projekt zur Hälfte die EU, die Zollner Elektronik AG und die Stadt Furth. Bewegt wird der Drache von vier Männern per Funkfernsteuerung. Sie sind Herrscher über 80 Liter Kunstblut und über 11 Kilo Flüssiggas zum Feuerspeien.

✎ Eine Attraktion für Familien ist auch die Erlebniswelt *flederwisch*. Man kann dort etwa Gold waschen und die größte Dampfmaschine Bayerns bestaunen.

DER WANDERWEG AM GIBACHT-MASSIV FÜHRT DURCH LAUBWÄLDER
UND IMMER WIEDER HIN ZU SCHÖNEN AUSSICHTSFELSEN.

BERGHOF GIBACHT /// GIBACHT 31 /// 93449 WALDMÜNCHEN ///
0 99 72 / 90 39 83 /// WWW.GIBACHT.COM ///

# FÜNF KILOMETER NATUR, GESCHICHTE UND KUNST

*Gibacht-Rundweg*

Wer im Oberen Bayerischen Wald eine Wanderung auf dem Bergmassiv Gibacht unternimmt und beim gleichnamigen Berghof parkt, merkt gleich, dass dies kein gewöhnliches Wirtshaus ist. Im Winter lehnen Langlaufskier an der Mauer, sonst sind es Mountainbikes. Gleichzeitig strahlt das Haus mit seinen blaugetünchten Fensterrahmen und dem Türmchen auf dem Dach etwas Künstlerisches aus. Was sich wohl darin verbirgt?

Wir werden später einen Blick hineinwerfen. Zunächst orientieren wir uns an den Wegweisern des Gibacht-Rundwegs. Auf gut fünf Kilometern führt er mit geringen Steigungen durch einen schönen Laubwald zur böhmischen Grenze und wieder zurück. Dabei kommt man an mehreren Aussichtsfelsen vorbei, die alle auf rund 900 Metern Höhe liegen. Am bedeutendsten ist wohl der Drei-Wappen-Felsen, ein Grenzpunkt aus dem Jahre 1766. Hier stießen damals das Kurfürstentum Bayern, das Königreich Böhmen und die Kurpfalz zusammen, ihre Wappen sind in den Stein gemeißelt. Heute verläuft hier die Grenze zu Tschechien. Wer mag, kann weiterwandern zum 1.020 Meter hohen Čerchov. Auf ihm befindet sich – samt Aussichtsturm, Alpenblick, Bistro und Ausstellung – eine militärische Anlage aus der Zeit des Kalten Kriegs.

Wir bleiben auf der bayerischen Seite, klettern auf den lang gezogenen Kreuzfelsen, passieren das Reiseck mit seinem gläsernen Gipfelkreuz und den Tannenriegel mit dem *Leuchtturm der Menschlichkeit*. Hier wurden in einer Gemeinschaftsaktion neben Gesteinen aus der Gegend auch Muscheln aus Miami und Mitbringsel vom Mount Everest vermauert. Das 3,5 Meter hohe Bauwerk ist der Versöhnung der Völker und Religionen gewidmet. Auf diese Idee war Glaskünstler Ralph Wenzel gekommen, der Pächter des Berghofs Gibacht. In seinem Wirtshaus laden natürlich nicht nur Käsespätzle, Kaffee und Kuchen zum Verweilen ein, sondern auch Perlenwerkstatt und Glasgalerie.

Glaskünstler Ralph Wenzel bietet gelegentlich auch Workshops an. Umfangreiche Infos zu Gibacht und Čerchov findet man unter www.karl-reitmeier.de

MIT DEN SCHLANGENLINIEN IM STEIN GRIFF BILDHAUER TONI SCHEUBECK
DIE MÄANDER DES FLUSSES AUF.

INFOS GIBT ES BEI DER TOURIST-INFO CHAM ///
PROPSTEISTRASSE 46 /// 93413 CHAM /// 0 99 71 / 80 34 93 ///
WWW.CHAM.DE /// WWW.ATELIER-SCHEUBECK.DE ///

# EIN STEIN AM REGEN

*Cham – Rossschwemme*

Keilförmig, groß und schwer liegt bei der Rossschwemme am Regen-Ufer in Cham ein Findling aus Granit. Er ist gerade so hoch, dass die Kinder, die im Sommer hier baden gehen, auf ihm kraxeln und herumrutschen können. Und er liegt gerade so tief, dass er vom letzten Hochwasser fast vollständig umspült wurde. »Der ganze Uferbereich war überschwemmt, auch mein Stein«, erzählt Bildhauer Toni Scheubeck (Jahrgang 1948), »nur die höchste Linie war noch sichtbar. Das hat mir gefallen.«

Die höchste Linie ist das einzige Element, das Toni Scheubeck überhaupt bearbeitet hat. Schlängelnd und dunkelgrau glänzend hebt sie sich vom Rest des Steins ab – wie der Regen selbst, wenn man ihn von oben betrachtet. »Ein Granitfindling ist an sich schon eine Skulptur. Ich lege nur seine Besonderheiten frei«, erklärt der Künstler, der im nahen Arnschwang lebt und Kunsterzieher am Chamer Gymnasium war. Entstanden ist sein Werk im Jahr 2001, als zur Gartenschau in Cham ein europäisches Bildhauersymposium stattfand. Weitere Skulpturen, etwa die *Stufen* des tschechischen Künstlers Václav Fiala, sind am gegenüberliegenden Flussufer zu bewundern.

Dahin gelangt man über die Florian-Geyer-Brücke – *die Brücke* aus dem gleichnamigen und preisgekrönten Antikriegsfilm von Bernhard Wicki aus dem Jahr 1959. Zwar existiert das Bauwerk von damals nicht mehr, doch an der heutigen Brücke erinnern Edelstahlstreifen mit Szenenfotos an die Dreharbeiten – eine Idee von Toni Scheubeck, die er im Auftrag des örtlichen Lions Clubs realisierte. »Als Kulisse für den Film diente hier auch das so genannte Biertor, das als einziges von vier Stadttoren erhalten geblieben ist«, erklärt Scheubeck. »Ursprünglich wurde es Burgtor genannt, doch seit aus der früheren Burg ab 1642 eine Brauerei wurde, nennen es die Chamer Biertor.«

☞ Nebenan ist das Museum der Künstlergruppe SPUR. Toni Scheubeck empfiehlt auch das Cordonhaus, die städtische Galerie für zeitgenössische Kunst.

GEMEINDE RUNDING / BURGFREUNDE RUNDING E. V. ///
KIRCHSTRASSE 6 /// 93486 RUNDING /// 0 99 71 / 85 62 15 ///
WWW.BURG-RUNDING.DE ///

# WAS EINE BAYERWALD-BURG
# MIT MACHU PICCHU GEMEINSAM HAT
*Runding – Burgruine*

Die Burg liegt auf einem Berg im Wald. Sie wurde aus Granit erbaut, geplündert, beinahe vergessen, wiederentdeckt, vom Bewuchs befreit und zugänglich gemacht. Ist das Machu Picchu, die alte Inkastätte in Peru? Ja, auch – aber die Beschreibung trifft ebenso auf die Burgruine Runding bei Cham zu.

Natürlich lassen sich die Dimensionen kaum vergleichen: Während Machu Picchu auf 2.360 Metern Meereshöhe liegt und etwa 20 Hektar bedeckt, befindet sich die Ruine Runding auf 553 Metern und umfasst nur einen halben Hektar. Sie zählt weder zu den »sieben neuen Weltwundern« noch zum UNESCO-Weltkulturerbe. Doch sie ist die größte Burgruine des Bayerischen Waldes und gut drei Jahrhunderte älter als die Inkastätte in Peru. In jahrelangen Ausgrabungs- und Sanierungsarbeiten, unterstützt durch den Verein der Burgfreunde, hat die Gemeinde Runding ein archäologisches Freilichtmuseum daraus gemacht.

Erbaut wurde die Anlage um 1100 von den Runtingern, Dienstmannen der Markgrafen von Cham, später der Wittelsbacher. Im Laufe der Zeit änderten sich mehrmals die Eigentumsverhältnisse, seit 1934 gehört die Anlage der Familie Amberger. Den früheren Herren diente die Burg als verteidigungsfähiger Wohnsitz. Gleichzeitig war sie der wirtschaftliche Mittelpunkt der Umgebung, von wo aus der Burgherr seine Aufgaben in Justiz und Verwaltung ausübte.

Bei einem Streifzug entdecken Sie unter anderem den Wohnturm, die Überreste der Burgkapelle, wo sich oberhalb heute ein Aussichtsplatz befindet, den Palas, den Pferdestall mit seinen Boxenabmauerungen, dahinter die Sattelkammer. Die Beschilderung ist informativ, die Vorstellungskraft tut ihr Übriges, um vor Ihrem geistigen Auge das einstige Leben hier vorbeiziehen zu lassen. Klar ist die Anlage weniger spektakulär als Machu Picchu, dafür nicht so überlaufen, näher – und ihr Eintritt kostenlos.

✐  In der Nähe bietet sich eine leichte Wanderung auf den Haidstein an. An seinem Fuße steht in Ried die 1000-jährige Wolframslinde.

JOSEF UND SUSANNE GIGLER /// KOLLMITZ 1 1 / 2 ///
93466 CHAMERAU – KOLLMITZ /// 0 99 44 / 30 21 97 ///
WWW.LAMA-ALPAKA-UND-MEHR.DE ///

# ZU BESUCH BEI DEN DELFINEN DER WEIDE
*Kollmitz bei Chamerau – Lamahof Gigler*

Man muss die Augen schon offen halten, um die Hinweisschilder zum Lama-Hof bei Chamerau nicht zu übersehen. Auf einer schmalen Straße fährt man so lange einen Hügel hinauf, bis man meint, es kommt nichts mehr. Doch dann erreicht man Kollmitz, einen Ortsteil mit nur ein paar Häusern. Ansonsten Wald, Wiese und eine Weide, auf der ein paar Lamas stehen. Acht an der Zahl, gehören sie Susanne und Josef Gigler, die auch Seidenhühner, zwei Alpakas, vier Hunde und fünf Katzen haben.

»Meine Frau bringt immer so Zeugs daher«, erklärt Josef Gigler, als er am Gatter stehend die Lamas zu uns holt. »Sam! Jungs! Juhungs!«, ruft er mit lauter, aber ruhiger Stimme und man spürt: Er selbst hängt auch an den Tieren. Mit seiner Frau bietet er nebenberuflich geführte Lama-Wanderungen in der nahen Umgebung an. Die Tiere sind alle Hengste und Wallache. Jetzt kommen sie neugierig auf uns zu. Sie verhalten sich auffallend lautlos, im Gegensatz zu Schafen oder Pferden wirken sie seltsam fein und dezent.

Lamas gehören in der Familie der Kamele zu den Neuweltkamelen, die im Gegensatz zu den Altweltkamelen keinen Höcker haben. Sie erreichen eine Schulterhöhe von bis zu 1,30 Metern und wiegen bis zu 150 Kilogramm. Natürlicherweise kommen sie in Südamerika vor, doch sie leben auch hier gut. Man sagt, dass das Zusammensein mit einem Lama wohltuend auf uns Menschen wirkt, dass sich Mensch und Lama im wahrsten Sinne auf Augenhöhe begegnen. Als die »Delfine der Weide« kommen Lamas deshalb in der tiergestützten Therapie und Selbsterfahrung zum Einsatz.

Für Josef Gigler spielt das keine allzu große Rolle. Er mag seine Tiere, auch ohne dass sie einen speziellen Nutzen haben. »Basilo ist unser Schmuser«, sagt er, legt dem Lama ein Halfter an und drückt mir die Leine in die Hand. Mal sehen, wie wir uns machen, der Basilo und ich.

Vor einem Besuch sollte man sich anmelden. Die Giglers vermieten auch eine Ferienwohnung. Probieren Sie ihr selbst gebrautes Bier Lama-Weiße.

VORLÄUFIG NUR ALS SIMULATION VERFÜGBAR: DAS BLAIBACHER KONZERTHAUS. MEHR INFORMATIONEN DAZU GIBT DIE TOURIST-INFO BLAIBACH /// KIRCHPLATZ 6 /// 93476 BLAIBACH /// 0 99 41 / 94 50 13 /// WWW.BLAIBACH.DE ///

# EINE SCHUHSCHACHTEL FÜR DIE HOHE KUNST
*Blaibach – Konzerthaus*

Thomas E. Bauer und Peter Haimerl haben zwei Dinge gemeinsam: Beide stammen aus dem Bayerischen Wald und jeder ist ein absoluter Profi. Haimerl als preisgekrönter Architekt, Bauer als international erfolgreicher Opernsänger und Leiter des Kulturwald-Festivals bei Deggendorf. Zusammen kämpften sie für Bauers Idee eines Konzerthauses in Blaibach – mit dem Anspruch, hochkarätige klassische Konzerte in den Bayerischen Wald zu bringen und in einem Ganzjahresprogramm auch Volksmusik und Theater eine Bühne zu bieten.

Über das Projekt wurde in der 2.000-Seelen-Gemeinde hitzig diskutiert: Die Befürworter erhofften sich eine Belebung des »sterbenden Ortes«. Die Gegner rieben sich an den Kosten und der modernen Architektur. Ein erster Bürgerentscheid scheiterte an Formfehlern. Einen zweiten, in dem die Architektur kein Kritikpunkt mehr war, zogen die Antragsteller zurück. Seit September 2013 wird für 1,6 Millionen Euro also gebaut.

Als ich an der Baugrube stehe, an der ein Plakat zeigt, wie das Konzerthaus für 200 Besucher einmal aussehen soll, fällt mir nur ein Wort ein: abgefahren. Im Umfeld von Kirche, Bürgerhaus und Gasthof entsteht eine gekippte Schuhschachtel aus Granit.

»Granit, weil es ein typischer Baustoff der Region ist«, erklärt Architekt Haimerl, »die Schuhschachtel-Form, weil sie simpel und akustisch am besten geeignet ist. Gekippt, weil sich das Gebäude dadurch gut in das Dorf einfügt. Weil sich im Inneren automatisch eine Tribünenform ergibt. Und weil ich auf zwei Ebenen einen spektakulären Eingang bekomme.«

Amateurmusik sei wichtig, betont Bariton Bauer, »aber es braucht auch die Exzellenz in der Kunst, und das hat der Bayerische Wald verdient.« Bauer möchte, dass die Menschen von der Kunst angerührt werden: »Fühlen sich Einzelne von dem Bau provoziert, ist auch schon viel getan.«

Das Konzerthaus in Blaibach wird natürlich ein Spielort von Thomas E. Bauers Kulturwald-Festival. Es findet immer Anfang September statt.

AQACUR BADEWELT KÖTZTING /// BGM.-SEIDL-PLATZ 1 ///
93444 BAD KÖTZTING /// 0 99 41 / 9 47 50 /// WWW.AQACUR.DE ///

# GESUNDE SCHLÄGE IN DER SAUNA
*Bad Kötzting – Badewelt Aqacur*

In der untersten Reihe ist noch ein Platz frei. Schnell schließe ich die Tür hinter mir und breite mein Handtuch aus. Um mich herum dreistufig angeordnet: nackte Frauen und Männer. Wir befinden uns im Saunabereich der Badewelt Aqacur im Kneipp-Kurort Bad Kötzting – genauer gesagt in der Banja-Blockhütte, einer Sauna-Variante aus Sibirien.

Auf dem Ofen in der Ecke steht ein Wasserkessel, in dem gebündelte Birkenzweige einweichen. Eben noch verbreitete sich deren milder Duft angenehm im 80 °C heißen Raum. Jetzt schlägt uns die hübsche tschechische Saunameisterin damit genussvoll auf den Rücken. »Auch nicht anders als daheim«, jammert einer der Männer und zieht demütig den Kopf ein. Doch alles halb so wild: Die Chefin meint es gut. Ihre sanften Hiebe tun nicht weh, sondern prickeln angenehm auf der Haut, das Ritual soll durchbluten und entschlacken.

Ein Besuch im Aqacur wirkt überhaupt wohltuend und belebend. Man kann dort auch mit Kindern gut einen halben Tag verbringen, ohne dass es langweilig wird. Es gibt ein Schwimmbecken, ein Wellenfreibad, eine 100 Meter lange Reifenrutsche und verschiedene Warm- und Kaltwasserbecken.

Ich bevorzuge das Massage-Angebot und den Saunabereich mit den vielen buchbaren Wellness-Anwendungen. Ich glaube, das nächste Mal probiere ich das Körperpeeling mit Kaffee, Honig, Salz und Öl. Oder das Bierbad im holzbefeuerten Badezuber. Dazu passen wohl auch die bayerischen Filzhüte optisch sehr gut, die hier manche Männer in der Sauna tragen. Die einen, damit die Hitze auf der Glatze nicht so brennt. Die anderen, damit über den Kopf nicht so viel Hitze verloren geht. Schließlich sind wir zum Schwitzen hier. Und für den Fall der Fälle steht man(n) mit Hut wenigstens nicht völlig nackert da.

🛁 Das mehrstündige Banja-Ritual ist ab sechs Personen buchbar und beinhaltet Brotzeit, Bier und Wodka. Schlemmen kann man aber auch im Sauna-Restaurant.

HIGHTECH MITTEN IM »WOID«: DAS GROSSE RADIOTELESKOP DER FUNDAMENTALSTATION WETTZELL BEI BAD KÖTZTING.

GEODÄTISCHES INFORMATIONSZENTRUM WETTZELL /// SACKENRIEDER STRASSE 25 /// 93444 BAD KÖTZTING /// 0 99 41 / 60 31 08 /// WWW.GIZ.WETTZELL.DE ///

»Biegen Sie nach 150 Metern rechts ab ... Jetzt rechts abbiegen.« – Wo es langgeht, sagt in immer mehr Autos ein Navigationsgerät mit Lautsprecher und integriertem Global Positioning System. Was dahintersteckt, ist ganz schön aufwendig: Navigationssysteme setzen ein genaues globales Koordinatensystem voraus – und das muss laufend aktualisiert werden. Weil die Bahn der kreisenden Satelliten immer wieder neu bestimmt werden muss. Weil sich die Erde nicht den ganzen Tag gleich schnell dreht und dies die Positionsbestimmung durch Satelliten beeinflusst. Und weil sich die Kontinentalplatten verschieben und die Rotationsachse der Erde variiert. Aufgezeichnet werden diese Bewegungen von Messstationen der Geodäsie, der Erdvermessung. Eine von weltweit sieben besonders bedeutsamen Fundamentalstationen befindet sich bei Bad Kötzting in Wettzell.

Ein paar Meter oberhalb dieser 200-Seelen-Ortschaft beherrscht ein riesiges Radioteleskop die ansonsten landwirtschaftliche Szenerie. Mit seinem 20-Meter-Durchmesser-Schirm werden über weitere Radioteleskope und elektromagnetische Wellen von außergalaktischen Radioquellen tektonische Plattenbewegungen gemessen. Es liefert weltweit die meisten Daten in dieser Methode, mit der erstmalig die Kontinentaldrift nachgewiesen wurde.

Fernab von städtischen Vorzügen arbeiten im Observatorium Wettzell rund um die Uhr im Schichtdienst 34 Elektroingenieure, Informatiker, Geologen, Physiker, Vermessungsingenieure und Versorgungstechniker. Ihre Aufgabe: die Erhaltung globaler Referenzsysteme. Ihr Ziel: die Steigerung der Messgenauigkeit. »In den 60er-Jahren konnte man nur auf zehn Meter genau messen«, erklärt Geowissenschaftler Dr. Thomas Klügel, zuständig für die Öffentlichkeitsarbeit, »seit dem Jahr 2000 sind wir bei einem Zentimeter Messgenauigkeit.«

✆  Das Observatorium beherbergt eine Ausstellung, die ausführlich über Satellitengeodäsie und Navigation informiert. Termine auf Anfrage.

HOCHSOMMER BEI WETTZELL

WOCHENTAGS HERRSCHT AM HÖLLENSTEINSTAUSEE MEDITATIVE RUHE.
MAN KANN HIER SPAZIEREN GEHEN, ANGELN, SICH EIN RUDERBOOT
AUSLEIHEN UND EIN BAD NEHMEN.

BOOTSVERLEIH AM HÖLLENSTEINSEE /// HÖLLENSTEIN 21 ///
94234 VIECHTACH /// 0 99 41 / 71 63 /// WWW.HOELLENSTEINSEE.COM ///

# EIN SOMMERTRAUM
*Höllensteinsee*

Ein heißer Mittwochnachmittag im Juni. Ich bin etwas müde und habe keine Lust auf Action. So stelle ich mein Auto oberhalb des Höllensteinsees beim Restaurant Seeblick ab, packe Handtuch, Isomatte, zwei Äpfel und etwas zu Trinken ein und spaziere gemächlich hinunter zur Staumauer. Entstanden ist dieser See zwischen Viechtach und Bad Kötzting, als in den Jahren 1923 bis 1926 das Höllenstein-Kraftwerk gebaut wurde – damals die größte Talsperre Bayerns. Die 19 Meter hohe Mauer staut den Schwarzen Regen auf einer Länge von 5,6 Kilometern bis zu 12,5 Meter hoch auf.

Auf der linken Flussseite kann man bei einer Hütte mit Sonnenschirmen Angelkarten kaufen. Neben Hecht und Huchen sollen sich im dunklen Wasser unter anderem Forellen, Saiblinge, Karpfen, Barsche, Waller und Aale tummeln. Man kann auch Ruderboote ausleihen, doch das mache ich lieber ein andermal. Heute bin ich nur auf der Suche nach einem Plätzchen zum Dösen. Auf einem kleinen Pfad wandere ich am rechten Ufer in den Wald hinein. Ich muss über umgestürzte Bäume steigen, es riecht nach Fichtennadeln und nach Harz. Außer mir keine Menschenseele – genau richtig für mich.

Nach ein paar Minuten komme ich zu einer Stelle, an der ein vom Biber gefällter Baum ins Wasser ragt und man einen guten Blick auf die Staumauer hat. Dort rolle ich meine Isomatte aus, lege mich hin, schließe die Augen und lausche dem Gezwitscher der Vögel.

Doch lange halte ich nicht aus: Die Sonne brennt so heiß, dass ich beschließe, ein Bad zu nehmen. Langsam gehe ich auf dem weichen Grund in das Wasser hinein und schwimme hinauf zu einem Felsen am Ufer. Woher der Höllensteinsee wohl seinen Namen hat? Höllisch kalt ist er jedenfalls nicht. Sondern himmlisch erfrischend.

📷 Von der Terrasse des Restaurants Seeblick hat man eine tolle Aussicht. Es bieten sich Wanderungen nach Viechtach und Wettzell an.

DUNKEL UND UNHEIMLICH IST ES IN DER RÄUBER HEIGL-HÖHLE BEI
BAD KÖTZTING. INFOS ZUR WANDERUNG DORTHIN GIBT ES BEI DER
TOURIST-INFORMATION BAD KÖTZTING /// HERRENSTRASSE 10 ///
93444 BAD KÖTZTING /// 0 99 41 / 60 21 50 ///
WWW.BAD-KOETZTING.DE ///

Ohne Taschenlampe sieht man nicht viel. Man kann sich nur vorsichtig an den Felswänden weitertasten. Doch am Ende der lang gezogenen Höhle unterhalb des Kreuzfelsens wird es heller: ein Spalt im oberen Bereich der Wand lässt Licht herein. Damit der Wind nicht gar so arg durchzog, wird ihn der Räuber Michael Heigl, der frühere Bewohner dieser Höhle, von außen mit Zweigen und Moos bedeckt haben. Im vorderen Bereich befinden sich zwei größere Öffnungen, die dem Rebellen und seiner Braut wohl als Zugänge dienten.

Im August 1816 als Sohn eines Tagelöhners in Bad Kötzting geboren, arbeitete Michael Heigl als Hütejunge und begann in Furth im Wald eine Ausbildung zum Schlosser. Wegen eines Gelegenheitsdiebstahls stand er ab Anfang der 1840er-Jahre unter Polizeiaufsicht, später wurde er wegen »Herumtreibens« und »wiederholter Dienstlosigkeit« angezeigt. 1843 nahm man ihn wegen Hausierens ohne Gewerbeschein fest, doch er konnte in die Wälder fliehen.

Von nun an unternahm der Verfolgte, der unverheiratet blieb, aber sieben Kinder gezeugt haben soll, Raubzüge in die Viechtacher und Kötztinger Gegend. Dort bot ihm die Höhle am Kreuzfelsen des Kaitersberg-Massivs eine gut versteckte Zuflucht. Geschickt und kühn beraubte er vorrangig reiche Bauern und Geistliche. Was die »kleinen Leute« bewunderten, ließ die Obrigkeit toben: Neben Gendarmen, Gerichtspersonal und Landwehr wurden 1853 große Streittrupps eingesetzt, um Heigl zu fassen. Am 18. Juni erwischte man ihn bei seiner Höhle und verurteilte ihn zum Tod. Nach einem Gnadengesuch wandelte König Max II. das Urteil zwar in eine lebenslängliche Kettenstrafe um. Doch 1857 tötete ihn während eines Streits ein Mithäftling mit der Kugel seiner Fußkette.

Die Räuber Heigl-Höhle ist in einer halbstündigen Wanderung über Stock und Stein von Reitenberg bei Bad Kötzting aus zu erreichen.

🗲 Bei der Höhle bietet sich ein räuberisches Fotoshooting an. Ein paar Minuten weiter kommt man zum beinahe alpinen Kreuzfelsen und zur Kötztinger Hütte.

CHRISTIAN HARTL IST REGELMÄSSIG AM KAITERSBERG ANZUTREFFEN.

TOURIST-INFO ARRACH /// LAMER STRASSE 78 ///
93474 ARRACH /// 0 99 43 / 10 35 /// WWW.ARRACH.DE ///

KLETTERFÜHRER OSTBAYERN CLIMB /// WWW.OSTBAYERN-CLIMB.DE ///
GURU@OSTBAYERN-CLIMB.DE ///

# KLETTERN ODER LIEBER ZUSCHAUEN?

*Kaitersberg-Massiv – Rauchröhren*

Seine linke Hand umgreift einen kleinen Felsvorsprung, seine rechte tastet suchend nach oben. Kein Griff im Granit. Nichts, woran sich der Kletterer hochziehen könnte. Also erst mit dem Fuß steigen. Auf die Zehenspitzen in dem steifen Schuh. Dann vorsichtig das Bein anheben. Den Fuß auf einen kleinen Absatz weiter oben setzen. Antreten, langsam den Körper nachschieben. Jetzt, nur drei Zentimeter höher als vorher, sieht die Sache schon besser aus. Wieder tastet die rechte Hand nach oben. Da ist eine schmale Leiste im Fels. Eine, die weiterhilft.

Sportklettern ist ein athletisches Spiel, die immerwährende Suche nach dem Weg durch die Wand. Die meisten Routen im Bayerischen Wald gibt es östlich von Bad Kötzting am Kaitersberg, einem bis zu 1.132 Meter hohen Bergkamm mit vier Gipfeln. Dazu zählen auch die Rauchröhren, zwei 25 Meter hohe Felsentürme mit Routen bis zum elften Grad. Ihren Namen haben sie aus der Zeit des Dreißigjährigen Krieges (1618 – 1648), als die Menschen vor den plündernden Schweden auf die Berge flüchteten. Am Fuße der Felsentürme machten sie nachts Feuer, ohne dass dessen Schein sichtbar war. Der Rauch stieg zwischen den Türmen in die Höhe.

»Wer hier klettert, sollte sich erstens an die Naturschutzregelungen halten und zweitens sehr erfahren sein«, betont Christian Hartl, der das Klettergebiet betreut und den *Kletterführer Ostbayern* geschrieben hat, »ansonsten geht man lieber wandern und schaut zu.«

Recht hat er, denn das ist auch sehr reizvoll: Hat man von Bad Kötzting (Reitenberg), von Arrach (Berggasthof Eschlsaign), von Hudlach, Eck oder Steinbühl aus auf teilweise steilem Weg das Kaitersberg-Massiv erstiegen, kann man wunderbar den Kamm entlangwandern, die Aussicht genießen und in der Kötztinger Hütte einkehren. Am besten plant man einen ganzen Tag dafür ein und nimmt Picknick und Getränke mit.

✍ Christian Hartl empfiehlt die nordseitige Wanderung vom Eck über Schwabenloch (alter, unbewohnter Bauernhof) und Eschlsaign hinauf zu den Rauchröhren.

OSSERSCHUTZHAUS /// OSSER 1 /// 93462 LAM ///
0 99 43 / 13 51 /// WWW.WALDVEREIN-LAM.DE ///

# VON KITZLIGEN RIESEN UND VERLIEBTEN MUSIKANTEN
*Großer Osser*

## 12

Für die Oberpfälzer ist er das »Matterhorn des Bayerwalds«, die Tschechen bezeichnen ihn als »Brüste der Mutter Gottes« – den Osser mit seinen beiden felsigen Gipfeln, 1.266 Meter hoch der Kleine, 1.293 Meter hoch der Große Osser. Gleich unterhalb von dessen Gipfelkreuz lädt ein Schutzhaus zu einer Einkehr ein. Wenn Sie mit Freunden die große Terrasse besuchen, kann es sein, dass Sie sich noch in Deutschland befinden, während die anderen schon in Tschechien sind. Der Osser, die höchste Erhebung des Gebirgskamms bis zum Zwercheck, liegt auf der Grenze zwischen den Ländern.

Aber das braucht Sie nicht zu kümmern. Der Osser-Riese scherte sich auch weder um eine böhmische noch um eine bayerische Grenze etwas, heißt es über diese Sagengestalt. Im Frühling, wenn die Bären aus ihren Höhlen kamen, marschierte er jedes Mal hinunter nach Lohberg zum Schindelmacher Peter Springholz und reckte ihm seinen grobschlächtigen Schädel hin. Der Osser-Riese hatte einen so großen Kopf, dass er statt eines Hutes ein Schindeldach trug, das durch die Schneelast im Winter beschädigt worden war. Wenn dann der Schindelmacher Peter Springholz mit dicken Nägeln die neuen Schindeln an den Kopf hämmerte, kicherte der Riese: Wie das kitzelt!

Als ich nach sportlichen eineinhalb Stunden aus Oberlohberg auf dem felsigen Gipfel des Großen Ossers ankomme, zuletzt beinahe kletternd, verwehrt mir strömender Regen leider die Aussicht. Dafür ist es im Schutzhaus mollig warm. Hinter der Tür versteckt spielt ein Wandersmann auf der Knopfharmonika des Hauses auf. »Des is a Böhmische«, erklärt er mit vielsagendem Blick auf sein Instrument. Zusammen mit der ganzen Stube singt der Musiker ein inbrünstiges »Mir san vom Woid dahoam«. Und zum Abschluss gibt er seiner »Böhmischen« einen innigen Kuss. Weil sie so schön mitgespielt hat.

⚐ Ausgangspunkte für längere Wanderungen sind Lohberg, Oberlohberg, Silberbach, Lam, der Sattelparkplatz und Lambach. Man sollte trittsicher sein.

DIE STELLE BEFINDET SICH IM WALD OBERHALB VON
LOHBERG: DEN KASTLWEG BIS ZUM ENDE GEHEN, AM HOLZLAGERPLATZ
LINKS HALTEN UND DANN AUF DER FORSTSTRASSE NACH RECHTS UND
ETWA 200 METER BERGAUF GEHEN. AUF HÖHE DES ORANGE MARKIERTEN
BAUMES IST LINKS IM WALD DIE STEINMAUER ZU SEHEN, DIE WEITER
OBEN IM WALD AUF DIE TATSÄCHLICHE GRENZE TRIFFT.

# DER GRENZSTEINSUCHER VON LOHBERG
*Lohberg – Kastlweg*

## 13

Nahe des Wanderer-Parkplatzes bei Lohberg streift abseits des Weges ein Mann im Wald umher. Er ist groß, trägt einen dunkelgrünen Parka und einen Hut. Sein Blick geht zum Boden, und mit einem langen Stock stochert er weltvergessen in der Erde herum. Schwammerlsuchen sieht anders aus, diese Tätigkeit kann ich mir beileibe nicht erklären. Also frage ich nach.

»I souch an Moastoa«, sagt der Mann in tiefstem Waidlerdialekt. Erich Wellisch heißt er. Marksteine, also Grenzsteine, zu suchen ist seit 30 Jahren sein Hobby. Nicht nur in Lohberg. Auch wenn er woanders hinkommt, bleibt diese »Sucht« – im positiven Sinne – nicht aus. So schaffte es Erich Wellisch sogar während eines Reha-Aufenthaltes in Passau, seiner Leidenschaft zu frönen. Gut, dass vor der Klinik gleich ein Wald lag und die Ärzte für das Engagement ihres Patienten offenbar Verständnis zeigten. »Es gibt nix Schöneres als den Wald mit den Grenzsteinen«, sagt Wellisch, »wenn ich einen finde, dann pumpert mein Herz.«

Angefangen hat alles, als im Wald seines Onkels der Nachbar Bäume fällte, weil er dachte, diese würden noch auf seinem Grund stehen. Erich Wellisch ließ das keine Ruhe. Er machte sich auf die Suche nach den Steinen, die in unterschiedlichen Abständen die Grundstücksgrenzen markieren – und fing Feuer. Seitdem berichtigt der gelernte Schreiner in seiner Freizeit leidenschaftlich gerne Eigentumsverhältnisse, die in der Natur oft seit Generationen falsch angenommen werden.

Die Marksteine erkennt Wellisch an ihrem eingemeißelten Kreuz. Er findet sie unter Erde, Moos und Laub. Als Handwerkszeug dienen ihm Flurkarten, ein Maßband und sein Stock mit einer Spitze aus Metall. Hilfreich ist ihm auch sein Gefühl. Und was sagt seine Frau dazu? »Die Gabriele kennt's ja nicht anders, und sie weiß: der Woid is mei Leb'n.«

🖉 Im Bild liegen die tatsächliche und die angenommene Grenze (Steinmauer) noch nah beieinander, weiter unten, nahe der Forststraße, sind sie 17 Meter voneinander entfernt. Vor 15 Jahren hat Erich Wellisch den wahren Grenzverlauf rot markiert.

BILDHAUER JOHANN TREMML GESTALTETE SEINE SONNENWARTE BEWUSST SCHLICHT. SIE IST FÜR IHN EIN SYMBOL FÜR DAS WESENTLICHE IM LEBEN.

INFOS UNTER /// TOURIST-INFO ARNBRUCK /// GEMEINDEZENTRUM 1 /// 93471 ARNBRUCK /// 0 99 45 / 94 10 16 /// WWW.ARNBRUCK.DE ///

KÜNSTLER HANS SILBERSBACH /// ALTE GEHSTORFER STRASSE 64 /// 93444 BAD KÖTZTING /// 0 99 45 / 22 07 /// WWW.SILBERSBACH.DE ///

# EINE UHR FÜR DAS WESENTLICHE
*Arnbruck – Sonnenwarte*

## 14

Wie Pfeile zeigen die zwölf Lärchenholzstelen in den Himmel. Angeordnet entlang der Schnittfläche zweier Kreise, umrunden die Hölzer einen kleinen Hügel aus Erde. Zwei von ihnen ragen weiter hinauf als alle anderen: Eines ist nach Osten genau dorthin ausgerichtet, wo zum Frühlingsanfang am 21. März die Sonne aufgeht – eine Sonnenuhr oder Sonnenwarte, geschaffen vom Bildhauer Johann Tremml, der sich als Künstler Hans Silbersbach nennt.

Während eines Künstler-Symposiums in Arnbruck im Jahr 2009 hatte er auf einer Wiese nahe der Ortsausfahrt Richtung Flugplatz sein *Atelier direkt unter dem Kosmos* aufgebaut. Bei der Standortwahl orientierte er sich an dem ungewöhnlich weiten Blick, den die Stelle durch das Zellertal bietet. Bei der exakten Ausrichtung der Zeiger ließ er sich von Ulrich Schreiber vom geodätischen Observatorium Wettzell beraten.

Vertreibt Johann Tremml im Brotberuf edles Handwerkzeug an seine Kollegen, widmet er sich als Künstler dem kulturellen Erbe seiner Heimat. Dabei denkt und fühlt sich der Waidler in die Vor- und Frühgeschichte hinein, in die »megalithische Kultur«, zu der auch Stonehenge in England zählt. »Die Bauweise dieser Anlagen folgt immer einem astronomischen Prinzip. Die Monumente dienten als Zeitmesser«, erklärt Johann Tremml. Durch Begehen des Geländes und jahrelange Beobachtung der Sonnenbewegungen hat er auch ganz in der Nähe eine solche archäologische Anlage entdeckt: den Terrassenhügel von Thalersdorf, den er selbst mit rechtlichen Schritten nicht vor der Zerstörung bewahren konnte. Der Bau einer Schnellstraße ging vor.

Dieses »Schneller, Höher, Weiter« in der Gesellschaft stimmt Johann Tremml nachdenklich. Mit seiner Sonnenwarte, die er bewusst schlicht und pragmatisch hielt, will er an das Wesentliche und an die Einfachheit im Leben erinnern.

🖉     Einen herrlichen Blick über das Zellertal und bis in die Alpen hat man von der neuen Aussichtsplattform in der Nähe von Arnbruck beim Ecker Sattel.

GLASDORF WEINFURTNER /// ZELLERTALSTRASSE 13 ///
93471 ARNBRUCK /// 0 99 45 / 9 41 10 /// WWW.WEINFURTNER.DE ///

# EINE FUSION FÜR DIE RUNDUM-VERSORGUNG
*Arnbruck – Glasdorf Weinfurtner*

## 15

Freitagmittag in der Hüttenschänke im Glasdorf Weinfurtner: Die Seniorchefin Maria Weinfurtner (geboren 1930) sitzt bei einem Teller gedünstetem Gemüse. »Kemman d'Buam heit?«, fragt sie ihre Schwiegertochter Petra, als diese sich zu ihr an den Holztisch setzt. »Na, de singan«, antwortet die jüngere. Ihre drei Söhne besuchen in Regensburg das Internat der Regensburger Domspatzen und haben am Wochenende einen Auftritt. Nesthäkchen Maria (11) lebt zu Hause bei den Eltern, doch auch sie ist sehr musikalisch. Vielleicht spielt sie später mit ihrer Steirischen den Gästen im Bistro noch ein, zwei Stücke vor. Den Umgang mit Menschen ist sie von klein auf gewöhnt: Bis zu 800.000 Besucher zählt das Glasdorf von Petra und Oskar Weinfurtner pro Jahr, 200 Menschen arbeiten hier.

Die Unternehmensgebäude *Vier Jahreszeiten*, *Innovation* und *Tradition* sind aus Holz und Glas gebaut und fügen sich in das bäuerlich geprägte Arnbruck harmonisch ein.

Im Zentrum steht der Werkstoff Glas: Bei Schweinswürstl mit Sauerkraut kann man den Glasmacher bei seiner Arbeit beobachten, im Geschäft daneben blitzen edle Kronleuchter um die Wette. In der Galerie sind moderne Vasen, Lampen und Schalen ausgestellt, ein paar Meter weiter kann man im saisonal geschmückten Bistro Kaffee trinken. Ein großer Park mit einem Bach, einem Teich, vielen Sitzbänken und wetterfesten Glasobjekten lädt zum Flanieren ein.

Die Spezialität des Hauses ist Fusingglas: Flachglas, in das leuchtend bunte Motive eingeschmolzen werden – perfekt für lichtdurchlässige Garten-Deko.

»Wir möchten unseren Gästen eine Rundumversorgung bieten. Hier können sie nicht nur bummeln, sondern sich auch ein Stück hausgemachte Torte gönnen«, erklärt Oskar Weinfurtner. Wenn man Glück hat, bekommt man dazu ein Stück hausgemachte Volksmusik. Was für eine Fusion!

Das Glasdorf hat täglich geöffnet, nur an den Sonntagen im November nicht. Weitere Filialen im Bayerischen Wald gibt es in Bodenmais, Sankt Englmar und Freyung.

**INFOS ZUM HOCHFALL BEIM NATURPARK BAYERISCHER WALD E. V.** ///
**INFO-ZENTRUM 3** /// **94227 ZWIESEL** /// **0 99 22 / 80 24 80** ///
**WWW.NATURPARK-BAYER-WALD.DE** ///

**TOURIST-INFO BODENMAIS** /// **BAHNHOFSTRASSE 56** ///
**94249 BODENMAIS** /// **0 99 24 / 77 81 35** ///**WWW.BODENMAIS.DE** ///

# DER UNBEKANNTE ZWEITE
*Bodenmais – Hochfall*

## 16

Die längsten Wasserfälle des Bayerischen Waldes sind die Rißloch-fälle im Arbergebiet. In vielen Kaskaden rauscht die weiße Gischt auf einer Länge von 1,5 Kilometern ins Tal und überwindet dabei rund 260 Höhenmeter. Umgeben von Baumriesen und Totholz – von einem Urwald, wie er im Bilderbuch steht. Weil die Rißlochfälle in einem Naturschutzgebiet und Naturwaldreservat liegen, finden sich Informationen darüber in vielen Reiseführern und Broschüren. Hingegen ist der Hochfall, der zweithöchste Wasserfall des Bayerwaldes, relativ unbekannt.

Arbergebietsbetreuerin und Umweltpädagogin Isabelle Auer vom Naturpark Bayerischer Wald hat in einer Gruppe von vier Urlaubern und 56 Einheimischen einmal nachgefragt, wer den Hochfall kenne. »Nur zwei Einheimische kannten ihn. Und diese beiden waren ein Ehepaar«, berichtet die promovierte Geografin. Auch sie selbst habe darüber bisher nirgends genauere Daten gefunden. Fest stehe nur, dass diese Stelle des Moosbachs seit 1965 als Naturdenkmal gilt.

Der Hochfall besteht zwar nur aus wenigen Kaskaden. Dafür stürzt das Wasser laut und mehrere Meter tief hinunter in einen schwarzen Kessel aus glatt geschliffenem Stein. Über eine Holzbrücke mit einer kleinen Aussichtsplattform kann man nahe an diese Wanne herantreten. Isabelle Auer empfiehlt, genauer hinzuschauen: »Was in dem Gestein streifenförmig auffällt, sind Gneise. Bei Graniten sind die Mineralien punktartig angeordnet.«

Wie die Rißlochfälle befindet sich der Hochfall im Arbergebiet, jedoch in einem Wirtschaftswald bei Bodenmais. Zu Fuß ist er nur 20 Minuten von der Scharebenstraße entfernt. Damit eignet er sich auch als Drehort für dramatische Filmszenen: »Vor ein paar Jahren wurde für einen ZDF-Film sogar extra die Brücke abgebaut«, erzählt Isabelle Auer.

> Die Scharebenstraße beginnt in Bodenmais bei der JOSKA Waldglashütte. Man kann von dort zur Scharebenhütte und zur Chamer Hütte am Kleinen Arber wandern.

ARBER-BERGBAHN /// GROSSER ARBER, TALSTATION 1 ///
94252 BAYERISCH EISENSTEIN /// 0 99 25 / 9 41 40 /// WWW.ARBER.DE ///

# GIPFELGLÜCK FÜR MENSCHEN, DIE SICH TRAUEN

*Großer Arber*

## 17

Der Große Arber ist mit seinen 1.456 Metern Höhe der »König des Bayerischen Waldes«. Der Großteil des Berges gehört der Unternehmensgruppe Fürst von Hohenzollern, die auch die Bergbahnen betreibt. Mit seinen rund zehn Pisten, einem Zwergerl-Garten, Förderbändern für Anfänger und Zeitmessstrecke für Kinder ist der Große Arber das familienfreundlichste Skigebiet Deutschlands. Seit 1976 werden hier auch Weltcuprennen, Europacuprennen und FIS-Rennen ausgetragen. Nach einer Pause 2012 und 2013 wird über die Fortsetzung derzeit noch verhandelt. Außerdem gibt es eine 1.200 Meter lange Rodelbahn, die über die Sechser-Sesselbahn am Sonnenhang bequem zu erreichen ist.

Der flache Sonnenhang ist am leichtesten, die Weltcupstrecke dagegen durchaus »nicht ohne«. Wer es lieber langsamer mag, geht wandern, etwa von Bodenmais, vom Langlaufzentrum Bretterschachten oder dem Großen Arbersee aus.

Doch nicht nur zum Sporteln eignet sich der Große Arber. Schwindelfreie Paare, die ihre Hochzeit im wahrsten Sinne auf die Spitze treiben wollen, können auf ihm auch heiraten: In der Eisensteiner Hütte befindet sich eine Außenstelle des Standesamtes von Bayerisch Eisenstein, und unter dem Gipfelkreuz ergeben sich bestimmt extravagante Fotomotive – vielleicht eine Braut mit Wanderschuhen, hochgerafftem Kleid und verwegen im Wind wehender Schleppe?

Die 44 Sechser-Gondeln der Arber-Bergbahn dürften ausreichen, um alle Hochzeitsgäste hinaufzutransportieren. Zumal es auch 15 Themengondeln gibt: Die Eltern bekommen die Präsidentengondel, die besten Freunde die Bärwurzgondel. Das Brautpaar reist gediegen in der weltweit ersten Hochzeitsgondel an. Sie ist als Kutsche gestaltet und wird von zwei Schimmeln durch die Lüfte »gezogen«. Aus dem Lautsprecher gibt es dazu dann Pferdehufgeklapper und freudiges Gewieher.

Die Gondelfahrt lohnt sich auch für Spaziergänger. Die Gipfelregion ist über einen markierten Rundwanderweg erschlossen. Restaurants gibt es auch.

DIE WIESENSCHLAFHÄUSL FÜGEN SICH HARMONISCH IN DIE
LANDSCHAFT EIN. AM WEIHER WIRD GERADE DER BADEZUBER GEHEIZT.

GUTSALM HARLACHBERG /// HARLACHBERG 1 + 2 ///
94249 BODENMAIS /// 0 99 24 / 9 43 49 30 /// WWW.HARLACHBERG.DE ///

# EINFACH LEBEN AUF DER ALM
*Bodenmais – GutsAlm Harlachberg*

## 18

Mit einem Schubkarren fährt ein Mann Brennholz zum Ufer eines Weihers. Dort steht auf einer Plattform ein großer Holzzuber, der zuvor mit Quellwasser gefüllt wurde. Der Mann heizt den Ofen des Zubers an. Weißer Rauch steigt auf, zieht mystisch über das offene Gelände. Zwei Stunden später – meine Freundin und ich kommen gerade von einer Wanderung zurück – dampft das Wasser in dem Zuber schon einladend, und wohlig sinken wir hinein in dieses Freiluft-Bad. Während das die Muskeln lockert, entspannt die Stille unseren Geist.

Wir befinden uns auf der 2012 eröffneten GutsAlm Harlachberg, einer ökologisch betriebenen Urlaubs- und Seminaranlage weit oberhalb von Bodenmais. Kein Fernseher im Zimmer, kein Radio beim Frühstück. Dafür morgens frisches Brot aus dem Holzofen, abends ein krachendes Lagerfeuer – und das Rauschen der Bäume im Wind. Die Besitzerin Anneliese Kraus, die früher Erzieherin war, und ihr Mann Reinhard, der ein Sägewerk führt, erbten den Grund von seinem Vater. Doch was macht man mit einem Berg? »Wir wollten ihn mit anderen teilen«, erklärt Anneliese, mit der wir gleich »per du« sind.

Zuerst renovierte das Paar die Jugendstilvilla, die beseelt ist vom Geist der früheren Bewohnerin und Malerin Ida Segl. Dann entstand ein sonnendurchfluteter Raum für Seminare, Kunst- und Yogakurse. Dazu kamen eine Schlafscheune mit Doppelzimmern, drei »Wiesenschlafhäusl« und ein Atelierhaus mit Einzelkojen. Das Bauernhaus, dessen Dach im Winter 2005 / 06 der Schnee eindrückte, wurde neu gebaut – und ist mit Gaststube und Veranstaltungsstadel das Herzstück der Alm. »Auf dem Harlachberg sollen die Menschen das Glück der Einfachheit erleben«, wünscht sich Anneliese. Als wir in dem dampfenden Zuber sitzen und zum Mond hinaufsehen, geschieht genau das.

ℰ   Eine Kapelle aus dem 17. Jahrhundert lädt zur inneren Einkehr ein. In 20 Minuten besteigen Sie den 914 Meter hohen Harlachberg-Gipfel. Vier Kilometer sind es hinunter zum Urlaubsort Bodenmais.

KUNS(T)RÄUME GRENZENLOS /// BAHNHOFSTRASSE 52 ///
94252 BAYERISCH EISENSTEIN /// 0 99 25 / 1 82 97 52 ///
WWW.KUNSTRAEUME-GRENZENLOS.DE ///

# WO BAYERN UND BÖHMEN KÜNSTLERISCH VEREINIGT SIND

*Bayerisch Eisenstein – Kunst(t)räume*

## 19

Es war eine kleine Sensation, die Bayerisch Eisenstein im Dezember 2013 zum Staunen brachte: Die Galerie *Kuns(t)räume grenzenlos* zeigte in dem 1.050-Einwohner-Dorf an der tschechischen Grenze 300 grafische Originalwerke des katalanischen Surrealisten Salvador Dalí (1904 – 1998). »Die Dalís sind da«, hatte der Bayerwald-Bote zuvor schon freudig getitelt, als die Weltkunst-Lieferung für die Sonderausstellung eingetroffen war. Für den kleinen Ort am Fuße des Arbers war das tatsächlich fast surreal. Doch Werke hochkarätiger Künstler bekommt man hier wohl noch öfter zu sehen.

Eröffnet im Sommer 2013 im früheren Postamt, präsentiert die Galerie auf drei Etagen und 700 Quadratmetern vor allem Werke von renommierten Malern, Grafikern, Bildhauern und Glaskünstlern aus der Region zwischen Donau und Moldau. Hauptsächlich zeitgenössische Kunst findet hier ihren Platz, etwa von Hajo Blach und Josef Schneck. Doch auch das Schaffen bereits verstorbener ostbayerischer Künstler wird gezeigt: In der Dauerausstellung sind unter anderem Werke der Maler Heinz Theuerjahr, Walter Mauder und Josef Fruth zu sehen. Kuratiert werden die Ausstellungen von dem Historiker Sven Bauer und seinem Vater Fritz.

Im Galerieshop findet man kunstvolle Erzeugnisse aus handwerklicher Fertigung, Kreatives aus Glas oder Holz, Traditionelles und Modernes aus der Region. Finanziert wird das ehrgeizige Projekt von dem bescheidenen Geschäftsmann Christian Bayerl aus Zwiesel. Er hat auch das Gebäude nebenan schon gekauft, um darin Künstler- und Kunsthandwerker-Ateliers einziehen zu lassen. Zusammen mit dem nahen *Localbahnmuseum* soll hier eine richtige Kunstmeile entstehen, die mit der *Schmugglerhütte* auch noch eine rustikale Einkehrmöglichkeit bietet. Ein Rundumpaket also zur Förderung der Kunst in Bayern und Tschechien.

✍ Auch die Natur sorgt hier für Unikate: den großen und kleinen Arbersee, den Teufelssee, Schwarzen See, Lakasee und Stubenbacher See beidseits der Grenze.

MALERIN MAREILE ONODERA VOR EINEM IHRER GEMÄLDE,
ZUSAMMEN MIT IHREM PARTNER ANATOL DONKAN, DER
EINEN UMHANG AUS FISCHLEDER IN DEN HÄNDEN HÄLT.

MAREILE ONODERA /// SPITALGASSE /// 94234 VIECHTACH ///
0 99 42 / 80 96 71 /// WWW.MAREILE-ONODERA.COM ///

# VON FISCHHÄUTEN UND FRAUENKUNST
*Viechtach – Fischledermuseum*

## 20

Was in Viechtach in der Spitalgasse 1 vor sich geht, ist schwer zu beschreiben. Hier leben, lieben und arbeiten die Malerin Mareile Onodera und der Lederkünstler Anatol Donkan. Hier kommen nicht nur Museum, Atelier, Gerberei, Galerie, Werkstatt, Verkaufsraum, Wohnzimmer und Küche zusammen, sondern auch Mann, Frau, Sprachen, Kulturen, Einheimische und Fremde.

Als Deutsche studierte Mareile Onodera erst Architektur in München, dann Altmeisterliche Mischtechnik in Wien. Die Malerin arbeitete 28 Jahre in Japan, machte Station in Thailand, Syrien und in Ostsibirien. In Wladiwostok lernte sie Anatol Donkan kennen, einen Abkömmling des Volkes der Nanai, deren Kultur auf dem Fischfang fußt. Anatol beschäftigt sich als Bildhauer mit dem Schamanenkult seiner Vorfahren – und verarbeitet Fischhäute zu Taschen, Gürteln und Gewändern. Zunächst ging er mit Mareile nach Wien, später wurde er von einer Fischveredelungsfirma in den Bayerischen Wald eingeladen, um über die Verwendung der abfallenden Häute zu forschen. »Von hier aus sind wir überall schnell«, sagt Mareile Onodera, »immerhin liegt der Bayerische Wald geografisch gesehen im Herzen Europas.«

Und dort, im Fischledermuseum, zeigt die Malerin auch ihre leuchtenden Bilder im Stile des Phantastischen Realismus, der dem Surrealismus nahe steht. Damit international erfolgreich zu sein, bedeute harte Arbeit: »Frauen, die malen und ihre Bilder teuer verkaufen, gibt es selten«, erklärt Mareile kritisch, »als solche ist man nicht nur die malende Hausfrau, die in Scheidung lebt oder sich gerade in einer Therapiephase befindet.« »Du bist nicht gemütlich«, kommentiert Anatol. »Nein, ich bin nicht gemütlich«, sagt Mareile. Dafür übernahm sie bei den komplizierten Renovierungsarbeiten in ihrem Künstlerhaus Bauleitung und Verantwortung selbst. Den beteiligten Firmen war das nur recht.

⌘    Sehenswert sind rund um Viechtach auch das Geotop Viechtacher Pfahl mit seinen weißen Quarzfelsen sowie die Burgen Altnussberg und Neunussberg.

**VIT & FUN KANUVERLEIH WOLFRAM THIES ///**
**STADTPLATZ 1 /// 94234 VIECHTACH /// 01 71 / 9 11 57 79 ///**
**WWW.BAYERISCH-KANADA.DE ///**

# MIT DEM KANU UNTERWEGS
# IN »BAYERISCH KANADA«

*Schwarzer Regen – Bootstour*

## 21

Manche ziehen sich Regenjacken über. Meine Freundin Claudia und ich streifen lieber alles Unnötige ab und steigen nur in Bikini und Schwimmweste ins Boot. Welche Strategie besser ist, um den ein oder anderen Wasserspritzer hinzunehmen, muss jeder für sich entscheiden bei einer Kanutour auf dem Schwarzen Regen von Gumpenried nach Viechtach.

Organisation und Bootstransport wird uns dafür vom Kanuverleih abgenommen. Mit dem Kleinbus oder dem Zug geht's von Viechtach flussaufwärts zum Kraftwerk Gumpenried, dem Startpunkt der neun Kilometer langen Strecke. Dort laden wir den Bootsanhänger ab, und ausgerüstet mit Paddeln und wasserdichten Tonnen für unser Gepäck kann das knapp dreistündige Abenteuer beginnen.

»Bayerisch Kanada« nennen die Touristiker dieses Gebiet. Zu Recht: Idyllisch schlängelt sich der Regen durch das bewaldete Tal. Vogelgezwitscher ist zu hören, Eisvogel und Graureiher fliegen über uns hinweg, kein Auto weit und breit. Doch kaum haben Claudia und ich vereinbart, wer auf welcher Seite paddelt, geht es schon zur Sache. Der berüchtigte Gumpenrieder Schwall rauscht immer lauter, die ersten Tropfen spritzen ins Boot, Felsen müssen umfahren werden, es geht rauf und runter, und dann haut es uns zwei, drei gehörige Ladungen Wasser ins Kanu. Wer vorne sitzt, braucht gute Nerven: Er sieht ja alles kommen und wird ganz schön nass. Aber nach den ersten überstandenen Wellen kommt Selbstbewusstsein ins Gemüt – und ein Grinsen ins Gesicht.

Wer das Risiko, beim Gumpenrieder Schwall baden zu gehen, lieber nicht eingehen möchte, lässt sich vom Kanuverleih einfach unterhalb dieses Streckenteils absetzen. Für Einsteiger, die beim Paddeln Entspannung suchen, ist das ruhige Flussstück von Viechtach bis zum Höllenstein-Stausee geeignet.

✂ Die Wanderbahn, die entlang des Regens zwischen Gotteszell und Viechtach verkehrt, transportiert neben Menschen auch Fahrräder und Kanus.

GLÄSERNE SCHEUNE /// RAUHBÜHL 3 /// 94234 VIECHTACH ///
0 99 42 / 81 47 /// WWW.GLAESERNE-SCHEUNE.DE ///

# KUNST, KOMMERZ UND
# DER KÖNIG VON RAUHBÜHL

*Rauhbühl bei Viechtach – Gläserne Scheune*

Groß, schlank, weißer Vollbart. Ein Strohhut und ein Ohrring mit Indianer-Feder, »zur Stärkung der Sehkraft«: Rudolf Schmid ist eine herzerfrischende Erscheinung. Geboren 1938 in armen Verhältnissen, erkannte ein Volksschullehrer sein künstlerisches Talent und überzeugte die Eltern, ihn auf die Glasfachschule nach Zwiesel zu schicken. 1977 kaufte der Glasmaler mit seiner Frau Margarete ein bäuerliches Anwesen in Rauhbühl bei Viechtach und machte aus der Scheune ein Gesamtkunstwerk. Aus geschnitztem Holz und bemaltem Glas. Mit einer Kasse am Eingang.

Im Inneren ist auf 200 Quadratmetern Glasfläche unter anderem die Geschichte des Waldpropheten Mühlhiasl dargestellt. »Es gibt Leute, die davon überzeugt sind, dass ich der wiedergeborene Mühlhiasl bin«, sagt Rudolf Schmid, »aber ich musste damals meine Schulden abbezahlen und einfach etwas machen, was viele Menschen sehen wollen. Ein Professor sagte einmal, das sei die perfekte Kombination von Kunst und Kommerz.«

Rudolf Schmid weiß, dass er sich gut verkaufen kann. Aber er wehrt sich, wenn man ihn über seine Kunst hinaus mit dem Mühlhiasl in Verbindung bringt. Und doch sagt er – wie dieser – Sätze, über die man nachdenkt.

Hier eine Auswahl: Es ist mir egal, was Sie über mich schreiben. Das haben ja Sie geschrieben. Ich mag niemanden bescheißen, aber ich bin noch nicht so weit, dass ich alle Leute mag. Ich bin nicht gläubig, aber ich bemühe mich, die Menschen zum Glauben zu führen. Ich komme langsam zu der Anschauung, irgendeine Kraft ist da. Wenn es einmal keinen Krieg mehr gibt, haben wir das, was wir uns unter Gott vorstellen. Kreativ sind wir alle, man muss nur wollen. Der Muse, der zeig ich schon, dass sie mich küssen muss. Dann fang ich ganz klein in einem Eckerl an, und dann geht's schon.

✍ *Der König von Rauhbühl* heißt das Buch von Tochter Barbara Thöner über ihren Vater. Ein paar Meter weiter: Bayerns einzige Arnika-Plantage.

ADVENTURE CAMP SCHNITZMÜHLE /// SCHNITZMÜHLE 1 ///
94234 VIECHTACH /// 0 99 42 / 9 48 10 /// WWW.SCHNITZMUEHLE.DE ///

Sie glauben, Spannung und Entspannung passen nicht zusammen? Dann kennen Sie das Adventure Camp Schnitzmühle bei Viechtach nicht. Hier zelebrieren die Nielsen Brothers die Vereinigung der Gegensätze, kreieren mitten im »Woid« einen Erholungsort mit Abenteuer-Faktor.

Während Naturburschen ihre Zelte am Ufer des Schwarzen Regen aufschlagen, quartieren sich Ästhetik-Freaks in stylischen Lodges und Haciendas ein. Tagsüber kann man Kanu fahren, Outdoor-Trainings buchen, mountainbiken, boxen und reiten – oder am Naturbadeteich relaxen, saunieren und bei einer Mango-Massage die Seele baumeln lassen. Abends dann sitzen die einen lässig ums Lagerfeuer, andere schätzen Auswahl und Service im Restaurant.

Als Gast entscheiden Sie jedes Mal neu, auf was es Sie gelüstet. Auch in kulinarischer Hinsicht. Hier gibt es Steinpilz-Nudeln und Rehragout in Wacholdersoße genauso wie Grünes Thaicurry mit Gemüse, Reis und Cashewnüssen. »Thai-Bay« nennt sich diese Kombination aus bayerischer und thailändischer Küche, umgesetzt vom Team um Markus Fischer und Erna Daffner. Die Zutaten sind frisch und meist aus der Region, die Gäste aus der Nähe und von weiter her.

Die Geschäftsführer sind die Brüder Sebastian und Kristian Nielsen, beide keine 40 Jahre alt. 1950 hatten ihre Großeltern die ehemalige Dachschindelschnitzerei und Mehlmühle gekauft und einen Sägewerksbetrieb mit Wirtshaus eröffnet. Mittlerweile gibt es das Sägewerk nicht mehr, dafür hat sich die Schnitzmühle zu einem naturnahen Resort für Ruhesuchende, Aktiv-Urlauber und Familien mit Kindern entwickelt.

»Wir sind der Auffassung, dass Schönheit niemals elitär sein darf«, erklärt Sebastian Nielsen. Der Slogan der Brüder: »Weit weg vom Rest der Welt.« Ihr Ziel: »Freiraum für neue Ideen schaffen.« Ihre Grundannahme: »Menschliches Denken findet immer in Abwesenheit des Gedachten statt.«

Auf dem 10 Kilometer langen Rundweg 5 erreichen Sie über Schlatzendorf die Stadt Viechtach. Zurück geht's über den kleinen Pfahl und durchs Liebestal.

EIN MAISFELD, EINE GROSSE KREUZUNG MIT EINEM ROLLERFAHRER UND DAHINTER NOCH DER KIRCHTURM VOM KIRCHERL IN HINTERKIRCHREUTH — SO SIEHT HERBERT PÖHNL SEINE HEIMAT AUCH.

WWW.HINTERBAYERN.DE ///

# DIE HEIMAT DURCH DIE BRILLE
# DES HERBERT PÖHNL
*Hinterbayern*

»Wo bitte liegt Hinterbayern?«, werden Sie jetzt fragen. Nun, Sie werden es schon herausfinden, wenn Sie offenen Auges durch den Bayerischen Wald fahren. Und falls Sie doch einen Tipp brauchen, fragen Sie am besten den Kabarettisten und Fotografen Herbert Pöhnl aus Viechtach. Schon während er noch als Prokurist bei der Regentalbahn arbeitete, war er »zum Ausgleich« mit Stift, Block und Kamera in seiner Heimat unterwegs. Stets im Sucher: das Widersprüchliche, das Kantige. Das Gegenteil vom Klischee oder das Klischee im Kontrast zur Realität.

Seit 2001 stellt Herbert Pöhnl zusammen mit der *OriginalWaidla-BuamShowBänd* hintersinnig-liebevolles Regional-Kabarett auf die Bühne – volkstümlich getarnt als »Heimatabend mit Texten, Musik und Bildern«. Mittlerweile in Rente, schreibt der »freischaffende Hinterbayer« jetzt auch Bücher, dreht Videos und schlägt mit dem Bühnenprogramm *hoamadl_inside* poetisch-jazzige Töne an.

Das, was zum Schmunzeln anregt, findet Herbert Pöhnl im vermeintlich Banalen. Wenn er eine Speisekarte mit asiatischen Gerichten liest, bittet er den Kellner schon mal, ihm das Wort »Leberkassemmel« auf Thai zu übersetzen. Und auch bildlich setzt er kulinarische Eigenheiten in Szene: »Lüngerl to go mit Semmel 2 Euro« lautet etwa die Aufschrift eines Metzgereischildes – für den Fotografen Herbert Pöhnl ein gefundenes Fressen.

»Fahren Sie doch einmal nach Hinterkirchreuth«, empfiehlt er dem geneigten Leser. »Dort wurde 1912 auf einem Hügel ein Kircherl gebaut. Wenn man auf dem 1A-Wanderweg hinunter ins Dorf geht, kommt man zu einem tollen Kulturwaldcenter. Neben dem Kircherl gibt es einen Kircherl-Shop. Davor sitzt ein Mann, der den ganzen Tag die Leute beobachtet, die mit den Bussen kommen.«

✍ Einen guten Eindruck vermitteln Herbert Pöhnls Website, sein Nationalpark-Buch *Der halbwilde Wald* und sein 2014 erschienenes Buch *hinterbayern_inside*.

KNORRIGE BÄUME SIND TYPISCH FÜR DIE ALTEN WALDWEIDEN.
HIER DER HOCHSCHACHTEN, ZU DEM MAN BEI DER GROSSEN
SCHACHTENWANDERUNG AB BUCHENAU GELANGT.

HOCHSCHACHTEN /// BUCHENAU /// 94227 LINDBERG ///

RUCKOWITZSCHACHTEN /// ZWIESLERWALDHAUS /// 94227 LINDBERG ///

# DIE »ALMEN« DES BAYERISCHEN WALDES

*Schachten*

Sie möchten sich auf Ihrer Wanderung durch den Nationalpark gern mal eine Stunde ins Gras legen und zwischen den Ästen eines knorrigen Bergahorns in die Sonne blinzeln? Dann ist eine Tour zu den Schachten das Richtige. Die Schachten sind die entlegenen früheren Weideflächen im Bayerischen Wald. Noch bis Mitte des 20. Jahrhunderts weideten auf ihnen im Sommer hauptsächlich junge Rinder. Die vereinzelten und von Wind und Wetter gezeichneten Bäume, die heute beliebte Fotomotive sind, waren früher dazu da, den Tieren in der Mittagshitze Schatten zu spenden.

Als man die Waldweiden nicht mehr brauchte, sollten sie eigentlich wieder aufgeforstet werden, wurden aber dann doch erhalten – als Zeugen der Kulturgeschichte und als Lebensräume für seltene Arten. Die niedrigwüchsigen, mageren Wiesen auf Höhen zwischen 900 und 1.150 Metern zeichnen sich durch eine spezifische Pflanzenwelt aus: Hier gedeihen zum Beispiel der Ungarische Enzian, Borstgras und Arnika.

Die älteste und heute mit 17 Hektar größte Waldweide ist der Ruckowitzschachten, der hauptsächlich von Rot-Straußgras, Wald-Storchschnabel und Borstgrasrasen bewachsen wird. Er wurde 1613 erstmals erwähnt, aber wahrscheinlich schon vorher genutzt. 1962 gab man die Waldweide dort auf. Doch ein EU-Projekt macht es möglich: 2014 wird erstmals wieder eine kleine Herde mit böhmischem Rotvieh, einer bedrohten heimischen Haustierrasse, auf dem Ruckowitzschachten weiden. Das Ganze sei ein Versuch, betont Nationalpark-Chef Dr. Franz Leibl. Man wisse nicht, ob die Pflanzen, die heute auf den Schachten wachsen, geeignet sind, um Rinder zu ernähren.

Von Zwieselerwaldhaus gelangen Sie auf der Wanderlinie Grünes Dreieck auf direktem Weg zum Ruckowitzschachten. Als Rundweg bietet sich die Linie Eibe zum Großen Falkenstein und zurück über den Ruckowitzschachten an.

🐌 Die klassische Schachtenwanderung ist die 20 Kilometer lange Große Schachtentour ab Buchenau. Dabei kommen Sie an großen Mooren mit Bohlenweg vorbei.

HOTEL BELVEDÉR /// ŽELEZNÁ RUDA 189 /// CZ 34004 ŽELEZNÁ RUDA ///
0 04 20 / 376 397 016 /// WWW.HOTELBELVEDER.CZ ///

# »NÁ ZDRAVÍ« IN DER MINI-BRAUEREI

*Železná Ruda (Böhmisch Eisenstein) – Hotel Belvedér*

Im Restaurant riecht es nach Küche, Kuchenstücke und Schweine-
braten wirken genormt, und die Sprache versteht man nicht: Auf den
ersten Blick hat die ganz normale Gastlichkeit in Böhmen oft einen
etwas herben Charme. Der Vorteil: Schon ein paar Meter hinter der
Grenze befinden wir uns auf exotischem Gebiet, gewinnen neue Ein-
drücke, die den Alltag vergessen lassen. Tapetenwechsel – und bei
genauerem Hinsehen eine Bereicherung.

Wer erleben möchte, wie die Tschechen im Böhmerwald ihre
Sommerfrische verbringen, fährt zur Ferienzeit im Juli oder August in
die 1.800-Einwohner-Stadt Železná Ruda (Böhmisch Eisenstein) und
dort den steilen Aussichtsberg hinauf zum Hotel Belvedér. 1898 gebaut, war es in Zeiten des Kommunismus eine Erholungsstätte für Mitarbeiter des Škoda-Konzerns. Seit 1998 gehört es der Familie Strnad.
Der junge Hotelchef František hat sich mitten im Gastraum den Traum
einer Mini-Pivovar erfüllt – einer der Mini-Brauereien, die in Tschechien zurzeit im Kommen sind. Mit seinem Schwiegervater braut er für
den Hotelbedarf mittlerweile jährlich rund 750 Hektoliter Bier. Die
Produkte mit Stammwürzegehalten von 9 bis 16 Grad reifen in den
Gärbehältern an der Fensterseite des Raumes, wobei von links nach
rechts der Geschmack herber und der Schaum höher wird.

Františeks stärkstes Bier ist das *Kat* (Henker) mit 6 Prozent Al-
kohol, das leichteste das *Kojenec* (Säugling), augenzwinkernd gedacht
für stillende Mütter. Wenn man sich zuprostet, sagt man »na zdra-
ví« – auf die Gesundheit. Zum Bier empfehlen sich *Utopenci*, (Er-
trunkene) – eine Art Knackwurst, sauer in Essig eingelegt. Zu einem
Stück Brot schmeckt auch *nakládaný hermelín* sehr gut. Das ist ein
fettreicher Weichkäse ähnlich dem französischen Camembert, scharf
mit Paprika gewürzt und eingelegt in Öl – eine Unterlage im besten
Sinne. Danke, František – *děkuji*.

🖉   Rund ums Hotel gibt es Wanderwege. Wahrzeichen von Železná Ruda ist die barocke Pfarrkirche Mariä Hilf vom Stern mit
Zwiebelkuppel und Zwiebelturm.

KAŠPERK (ZŘÍC.)
870 m

PĚŠÍ TRASA KČT

KAŠPERSKÉ HORY    3 km
SE143b
2012

PĚŠÍ TRASA KČT

KAŠPERK (ROZC.)       0,2 km
ŽLÍBEK (ROZC.)          1 km
STRAŠÍN (ROZC.)       7,5 km
SE143a
2012

PĚŠÍ TRASA KČT

KAŠPERK (ROZC.)       0,2 km
U NOVÉHO DVORU      0,5 km
ANNÍN (KEMP)          6,5 km
SE143c
2012

PĚŠÍ TRASA KČT

PUSTÝ HRÁDEK (ZŘÍC.)   0,4 km
ŽLÍBEK (ROZC.)          1,5 km
DÁLE PO ZELENÉ
KAŠPERSKÉ HORY        5,5 km
SE143d
2012

CYKLOTRASA  KČT  č. 1140

JAVORNÍK     8 km
ŽLÍBEK         1 km
2001                    1140/9b

KAŠPERK
1995

ZELENÁ
PRO VAŠE KROKY

HRAD KAŠPERK /// ŽLÍBEK 55 /// CZ 34192 KAŠPERSKÉ HORY ///
00 420 / 376 582 324 /// WWW.KASPERK.CZ ///

150
POLICE 158
SOS       112

PB 1

# DIE BURG AM GOLDENEN STEIG
*Kašperk (Burg Karlsberg)*

Vom Parkplatz sind es noch etwa 20 Minuten zu gehen, bis man die Burg Kašperk (Karlsberg) oberhalb von Kašperské Hory (Bergreichenstein) erreicht. Auf der Forststraße begegnet Ihnen vielleicht ein Mann, der mit seinem Kaltblutpferd einen gefällten Baum aus dem Wald zieht. Kurz darauf stehen Sie auf dem 886 Meter hohen Berg Ždánov, auf dessen Felsenrücken der römisch-deutsche Kaiser und König von Böhmen Karl IV. im Jahre 1356 die Burg errichten ließ – übrigens die höchstgelegene in ganz Böhmen.

180 Meter lang und bis zu 30 Meter breit, diente sie dem Schutz der Goldminen von Bergreichenstein, der Grenze zum Herzogtum Bayern und des Goldenen Steiges. Auf diesem Handelsweg brachten die Säumer Salz aus den bayerischen und österreichischen Alpen nach Böhmen. In der Gegenrichtung transportierte man Getreide und Glas nach Passau. Die Bergreichensteiner Route führte über Horská Kvilda (Innergefild) und Kvilda (Außergefild), über Finsterau, Mauth, Freyung und Röhrnbach in die Dreiflüssestadt Passau. Viele Orte, die früher durch den Goldenen Steig verbunden waren, pflegen heute Freundschaften. So ist etwa das gotische Bergreichenstein Partnerstadt von Grafenau im Bayerischen Wald, das bis heute jedes Jahr am ersten Samstag im August ein großes Salzsäumerfest feiert.

Doch zurück zur Burg Kašperk: Während man den Innenhof kostenlos besichtigen kann, lernt man bei einer Führung auch den Ostturm, die Ruine des Palas und den Westturm kennen. Dessen Mauern sind zwei Meter dick und wiegen zusammen rund 2.000 Tonnen. Die Burg kann von Mai bis Oktober täglich außer montags besucht werden, im Juli und August ist sie zusätzlich montags geöffnet. Geboten werden regelmäßig auch Theater-, Fecht- und Handwerksvorführungen sowie nächtliche und winterliche Besichtigungstouren.

✆   Ein 20 Kilometer langer Lehrpfad informiert über die Arbeit der Grenzwächter vom Mittelalter bis zur Errichtung des Eisernen Vorhangs.

DER RACHELSEE NÖRDLICH VON SANKT OSWALD

MITTLERER
BAYERISCHER WALD

**TOURIST-INFO KOLLNBURG /// SCHULSTRASSE 1 /// 94262 KOLLNBURG /// 0 99 42 / 94 12 14 /// WWW.KOLLNBURG.DE ///**

Im Mai 2008 hat mich meine Arbeit bei der Passauer Neuen Presse für ein halbes Jahr nach Viechtach in die dortige Lokalredaktion geführt. Ich fühlte mich nicht nur im Büro und in der Stadt wohl, sondern auch im Burgdorf Kollnburg, wo ich in der Pension Dietl ein gemütliches Mansardenzimmer bewohnte. Abends drehte ich manchmal eine Runde mit dem Mountainbike. An guten Tagen schaffte ich es noch auf den 1.048 Meter hohen Pröller hinauf, der seither mein Lieblingsberg ist. Zu Fuß erreicht man seinen Gipfel vom Parkplatz Ahorn am Ortseingang von St. Englmar aus in einer guten Stunde.

Für einen etwa eineinhalbstündigen Spaziergang in Kollnburg empfehle ich meine damalige Joggingstrecke: Von der Raiffeisenstraße aus gehen Sie steil bergauf durch den meditativen Bibelgarten im Pfarrgarten. Nach einem kurzen Stück durch den Wald erreichen Sie die Ruine der Kollnburg. Nehmen Sie sich Zeit, die Aussicht auf dem Burgturm zu genießen, und gehen Sie dann Richtung Ortskern. Zwischen den Häusern spazieren Sie hinunter zum Rathaus und folgen der asphaltierten Pröllerstraße.

Kurz vor Windsprach biegen Sie an der Kreuzung links ab, hinauf Richtung Staatsstraße. Am höchsten Punkt stechen sie links in den Wald hinein. Auf einem idyllischen Pfad, dem Bumperlweg, geht es nun zurück, vorbei an einer kleinen Pferdekoppel und ein paar Felsen. Nachdem Sie das Waldstück durchquert haben, gelangen Sie entlang einer landwirtschaftlichen Fläche zur Schulstraße. Schräg gegenüber befindet sich der Einstieg in den Burgstallweg, einem Naherholungsweg, der im Rahmen der Dorferneuerung neu angelegt wurde. Er mündet gegenüber dem Hotel *Zum Bräu* in die Viechtacher Straße. Sie folgen dieser nach links bis zur Markstallerstraße. Hier zweigen Sie kurz nach rechts ab und befinden sich wieder in der Raiffeisenstraße, dem Ausgangspunkt der Tour.

✐ Besuchen Sie auch die Motorrad- und Raritätensammlung und das Museum für landwirtschaftliche Geräte, den *Troidkasten* in Münchshöfen.

ACHTUNG, GLEICHGEWICHT HALTEN. DER UFERWEG ENTLANG DES GRIMMEISENWEIHERS IST ZIEMLICH SCHMAL, FÜHRT ABER ZU EINEM GEMÜTLICHEN PICKNICKPLATZ.

TOURIST-INFORMATION SANKT ENGLMAR /// RATHAUSSTRASSE 6 /// 94379 SANKT ENGLMAR /// 0 99 65 / 84 03 20 /// WWW.SANKT-ENGLMAR.DE ///

RESTAURANT PENSION SONNENHÜGEL /// BAYERWEG 65 /// 94379 SANKT ENGLMAR /// 0 99 65 / 2 90 /// WWW.SONNEN-HUEGEL.DE ///

Alle zehn da, die angemeldet sind? Die vier Urlauber haben sich am Treffpunkt bei der Pension Sonnenhügel bereits eingefunden, und auch die Einheimischen vom Mountainbike-Club Sportivo sind gleich vollzählig. Bis dahin tauschen die Männer schon mal die wichtigsten Daten aus: Gewicht, Federweg und so weiter.

Heute ist der erste Tag der Mountainbike-Woche von St. Englmar, die alljährlich im Juni stattfindet. Auf dem Programm stehen kostenlose geführte Touren, Techniktraining – und danach vielleicht noch eine Runde Weißbier.

300 Kilometer Mountainbike-Strecken gibt es rund um St. Englmar im Naturpark Bayerischer Wald, die ersten Routen wurden schon vor 25 Jahren ausgewiesen. Im Herbst 2012 haben die Profis der Zeitschrift Bike wieder die Strecken getestet – und waren von der Vielfalt begeistert. Für das gesamte Routennetz gibt eine spezielle Mountainbike-Karte, von Mai bis Oktober werden jeden Werktag geführte Touren angeboten.

Jetzt überzeugen wir uns selbst von diesem Mountainbike-Eldorado. Pensionswirt und Bike-Guide Tom Karl fährt voraus, bergauf in Richtung des Bergs Knogl. Dann geht es auf Forststraßen und Trails teils holprig weiter zu einer Pause am idyllischen Grimmeisenweiher, wo wir uns zu einem kurzen Picknick um den Holztisch versammeln. Gut, dass ich hier ein bisschen verschnaufen kann, bevor wir uns über Grandsberg durch Wald und Wiesen hinaufarbeiten zum Aussichtsturm auf dem 1.096 Meter hohen Hirschenstein. Noch mehr als der Aussichtsturm mit Weitblick Richtung Donautal beeindruckt hier der lichte Buchenwald. Über die Predigtstuhl-Skipiste gelangen wir nach drei Stunden, 33 Kilometern und 900 Höhenmetern wieder zur mediterran anmutenden Terrasse des Restaurants Sonnenhügel. Auf ein Weißbier oder ein Stück Kuchen für den schnellen Hunger.

✐ Tom Karls Restaurant Sonnenhügel ist ruhig im Grünen gelegen. Es gibt gutbürgerliche und vegetarische Speisen, die Atmosphäre ist entspannt.

WALDWIPFELWEG MARTIN SIX /// MAIBRUNN 2 A ///
94379 SANKT ENGLMAR /// 0 99 65 / 8 00 87 ///
WWW.WALDWIPFELWEG.DE ///

# WO ES IM TREPPENHAUS
# AM GEMÜTLICHSTEN IST

*Sankt Englmar – Haus am Kopf / Waldwipfelweg*

Als der Schreiner die Räume ausgemessen hat, musste er zwischendrin drei Mal aus dem Haus raus, weil ihm so schwindlig war. Auch für die Putzfrauen war es gewöhnungsbedürftig. In der ersten Zeit dachten sie, sie könnten hier nicht sauber machen. Kein Wunder: Ihre Arbeitsstelle in Maibrunn bei St. Englmar steht auf dem Kopf. Aber nicht nur.

Die Flächen dieses Hauses sind um knapp sieben Grad geneigt, die Tische und Stühle kleben an der Decke. Vom Ehebett bis zum Küchenherd, vom Wickeltisch bis zur Wohnzimmercouch, hier ist alles verdreht. Die Carrerabahn im Kinderzimmer ist unerreichbar hoch, dafür kann man in der Toilette fürs Foto einen Kopfstand machen, ohne Akrobat zu sein. Im »schiefen Raum« scheint eine Kugel bergauf zu rollen, im Zimmer daneben wirken Kinder größer als die Eltern. Am behaglichsten fühlt man sich wahrscheinlich auf der Treppe – ihre Stufen sind die einzigen waagrechten Flächen.

»Hausherr« Martin Six, Vater dreier Kinder, war 19 Jahre Zeitsoldat, bevor er ein Leben in der freien Wirtschaft begann. Mit seiner Frau Gerlinde funktionierte er 2008 die Nebenerwerbslandwirtschaft seiner Eltern in eine Attraktion für alle Altersschichten um: Binnen eines halben Jahres baute er einen Waldwipfelweg, auf dem man in 30 Metern Höhe barrierefrei über den Baumkronen bummeln kann. Später gesellten sich Alpakas, Lamas, Kängurus und Schwarznasenschafe dazu, ein Indoor-Spielplatz, ein Naturerlebnispfad, eine Höhle der Illusionen und ein Weg der optischen Phänomene, ein Niederseilgarten, eine Hängebrücke, eine Gastronomie mit Terrasse. Und im August 2013 das *Haus am Kopf*, das Waldwipfelweg-Besucher besichtigen können. Bis Ende Oktober wollten es 15.000 Menschen und mehrere Fernsehsender sehen, Mitte November bekam Martin Six dafür den Award des Tourismusverbandes Ostbayern.

🖉 In St. Englmar gibt es auch einen Freizeit-Park mit Sommerrodelbahn, Spielscheune, Rutschen und Streichelzoo. Im Winter werden Skikurse angeboten.

DER NEPAL-HIMALAYA-PAVILLON VEREINT SYMBOLISCH
ZWEI RELIGIONEN UND IST VON EXOTISCHEN PFLANZEN UMGEBEN.

NEPAL-HIMALAYA-PAVILLON /// MARTINIPLATTE /// 93109 WIESENT ///
0 94 82 / 95 96 86, FÜR FÜHRUNGEN: 0 15 22 / 9 20 61 35 ///
WWW.NEPAL-HIMALAYA-PAVILLON.DE ///

# WO DER HINDUISMUS
# DEN BUDDHISMUS TRIFFT

*Wiesent – Nepal-Himalaya-Pavillon*

29

Bunte Gebetsfahnen, buddhistische Mantras – und das an den südlichen Ausläufern des Bayerischen Waldes? Keine Angst. Sie können Ihren Augen trauen. Sie stehen vor dem Nepal-Himalaya-Pavillon bei Wiesent in der Nähe von Regensburg. Wenn Sie auf der A3 unterwegs sind, lohnt sich der Abstecher allemal. 70.000 Besucher zählt der außergewöhnliche Park pro Jahr, und allein 2012 war er 28 Mal im Fernsehen.

Der reich mit Schnitzereien geschmückte Pavillon war im Jahr 2000 Nepals Landesbeitrag für die Weltausstellung Expo in Hannover – und dort einer der meistbesuchten Pavillons. Danach kaufte ihn der Unternehmer Heribert Wirth und baute ihn in der Oberpfalz wieder auf. Um ihn herum legte er einen ausgedehnten Garten an – mit rund 3.500 Pflanzen aus aller Welt, darunter seltene Gewächse aus China und dem Himalaya. Auf Täfelchen mit Namen und Herkunft der Pflanzen verzichtet man, deshalb sollten botanisch Interessierte vorab telefonisch eine spezielle Gartenführung buchen.

»Für manche Menschen sind die Pflanzen das Höchste. Für andere sind wir ein Ort der Ruhe und der Energie«, hat Initiator Heribert Wirth beobachtet. Der Pavillon sei weltweit das einzige Gebäude, das einen buddhistischen Stupa und einen hinduistischen Tempel vereine. Symbolisch soll so die Dualität der Religionen aufgehoben werden.

Geweiht ist das Bauwerk zwar nicht, trotzdem erfährt man bei einer Führung die wichtigsten Grundlagen dieser Religionen: »Ich habe eine Vorstellung davon, wie etwas sein soll. Aber dann kommt es anders, als ich wollte, und ich leide. Ich leide an der Illusion, die ich hatte«, beschreibt unsere Führerin eine wichtige Annahme im Buddhismus. Es gehe darum, durch Meditation dieses Leiden zu verringern. Für dieses Ziel stünden auch die großen Augen, mit denen nepalesische Stupas typischerweise bemalt sind: »Sie durchschauen die Illusionen.«

Die Anlage hat von Mai bis Oktober geöffnet, und zwar nur sonntags und montags jeweils von 13 bis 17 Uhr. Es empfiehlt sich, vorab eine Führung zu buchen.

DER GIPFEL DES HENNENKOBEL IST EIN LANGGEZOGENER GRAT
MIT UNTERSTAND UND GIPFELKREUZ.

HENNENKOBEL BEI RABENSTEIN /// 94227 ZWIESEL-RABENSTEIN ///

Mein heutiges Ziel ist von Sagen umwoben: Der Hennenkobel, der 965 Meter hohe Hausberg von Rabenstein bei Zwiesel. Hier soll sich der Mühlhiasl herumgetrieben haben, der berühmte Seher des Bayerischen Waldes, auch Stormberger genannt (1753–1805). Auf den Gipfelfelsen des Hennenkobel soll er seine furchterregenden Visionen vom »Bänkeabräumen« gehabt haben – vom Weltuntergang und dessen Anzeichen: »Wenn man Sommer und Winter nimmer auseinanderkennt«, »wenn der Hochwald ausschaut wie des Bettelmanns Rock«, dann soll es bald so weit sein.

Ich parke beim Schloss Rabenstein und gehe los, vorbei an Wanderern, Mountainbikern und Läufern. Der Hennenkobel – doch nur ein gewöhnlicher Sportsberg? Nicht für den Schriftsteller Manfred Böckl, der einen Roman über den Mühlhiasl schrieb. Er berichtet, er habe hier selbst ein paranormales Erlebnis mit einem Eichkätzchen gehabt: »Es kam zu einem intensiven Blickkontakt zwischen dem kleinen Tier und mir – dann auf einmal schossen Bilder durch meinen Kopf (...) eine Szene nach der anderen, die einen ganzen Roman ergaben.«

Nach einer Dreiviertelstunde stehe ich auf dem Gipfelgrat. Könnten die vielen Bodenschätze, die im Gestein des Berges vorkommen, tatsächlich »visionsfördernd« sein, wie Böckl vermutet? In der Nähe liegt ein ehemaliger Quarzbruch, in dem man bislang über 60 zum Teil seltene Mineralien fand.

Mehr Wanderer versammeln sich jetzt ums Gipfelkreuz. Ob die etwas spüren? »Ich marschiere bestimmt 30 Mal im Jahr herauf, aber eine Vision hatte ich noch nie«, antwortet Rainer Wenzl aus Rabenstein. »Der Hennenkobel ist ein Kraftplatz«, sagt dagegen Karl Trs aus Zwiesel. Und erzählt, er habe einen Fantasy-Roman veröffentlicht, in dem der Berg als Vorlage für den Hauptschauplatz diente: »Wenn ich alleine hier bin und zur Ruhe komme, spüre ich die Energie. Dann kribbelt es in den Füßen.«

✿ Beim ausgeschilderten Quarzbruch erfährt man mehr über die Mineralien und einen unterirdischen See. Als Rückweg empfehle ich die Route um die Felsen.

**HAUS ZUR WILDNIS /// LUDWIGSTHAL /// 94227 LINDBERG ///
0 99 22 / 5 00 20 /// WWW.NATIONALPARK-BAYERISCHER-WALD.DE ///**

# DIE WILDNIS IM HAUS

Das *Haus zur Wildnis* steht nicht, es »liegt« – eingebettet in die Wildnis des Nationalparks Bayerischer Wald, als Besucherzentrum am Fuße des Bergs Falkenstein.

Sie erreichen es über einen Fußweg bergauf durch das Tier-Freigelände mit Wildpferden, Auerochsen, Wölfen und einem scheuen Luchspärchen. Nach etwa 15 Minuten sind Sie am Ziel: ein Gebäude wie eine überdachte Freifläche, deren verschiedene Ebenen und Rampen die ursprüngliche Form des Geländes wieder aufnehmen. Schiefe Wände aus Holz, schräge Säulen aus Beton, ausladende Dächer und Glasfassaden so groß, dass sie den Wald fast ins Innere ziehen.

Eröffnet 2006, informiert das *Haus zur Wildnis* zeitgemäß über die Nationalparke Bayerischer Wald und Šumava sowie über die Umgebung beiderseits der Landesgrenze. »Wir wollen zeigen, wie sich die Nationalparkwälder mehr und mehr zu einer Wildnis entwickeln«, erklärt Bärbel Sagmeister, die Leiterin des Hauses. Für die Natur und den Nationalpark zu arbeiten, war schon ihr Traum, als sie Landschaftsarchitektur studierte.

Jetzt führt sie mich durch die Dauerausstellung *Zeiten der Wildnis*. »Die Wildnis hat viele Gesichter, wir zeigen hier nur einen kleinen Ausschnitt«, erklärt mir Bärbel Sagmeister. Die Wildnis im Verborgenen lerne ich kennen, wenn ich mich im Wurzelgang in eine Buchecker hineinversetze, die auskeimt und zu einem Baum heranwächst. Zusammen mit der Wurzelspitze begebe ich mich auf eine 400-jährige Reise durch das unterirdische Leben der Buche.

Auf meinem weiteren Rundgang erfahre ich nicht nur viel über den Nationalpark im Bayerischen Wald, sondern auch über die 14 anderen in Deutschland. Und welchen Teil der Ausstellung mag die Leiterin am liebsten? »Die 3D-Schau«, sagt sie, ohne zu zögern, gibt mir eine entsprechende Brille und schickt mich ins hauseigene Kino.

⚘  Mit Bio-Restaurant, Laden und Indoor-Spielplatz ist das Haus familienfreundlich. Wanderwege führen zum Falkenstein, Hans-Watzlik-Hain und Schwellhäusl.

MARITA HALLER KENNT DIE GÄNGE WIE IHRE WESTENTASCHE.

INFOS UND ANMELDUNG IN DER TOURIST INFO ZWIESEL ///
STADTPLATZ 27 /// 94227 ZWIESEL /// 0 99 22 / 84 05 23 ///
WWW.ZWIESEL.DE ///

# PER WENDELTREPPE IN DAS REICH DER MYSTIK

*Zwiesel – Unterirdische Gänge*

Im Sommer angenehm kühl, im Winter verhältnismäßig warm: In den Unterirdischen Gängen von Zwiesel herrschen bei einer Luftfeuchtigkeit von fast 100 Prozent konstante 9 °C. Ausgehend von der Tourist-Information und ausgestattet mit Kitteln, Lampen und Helmen, schrauben wir uns in einer Wendeltreppe hinab in die Tiefe. 53 Stufen sind es, bis wir in dem Stollen ankommen. Dieser ist so hoch, breit und gut beleuchtet, dass wir uns als Gruppe bequem dort aufhalten können.

»Granit und Gneis tragen das Gewölbe, dazwischen glitzert Glimmer. Die weißen Linien, die fast so aussehen wie Höhlenmalerei, sind Quarzadern«, erklärt Stadtführerin Marita Haller, die sich auch als Buchautorin mit der Geschichte der Region auseinandersetzt. »Die Gänge könnten einmal als Fluchtburg gedient haben«, fährt sie fort. Die heute noch sichtbaren Taststeine und Lichtnischen könnten damals bei der Orientierung geholfen haben, während die langen, breiten Steinsockel vielleicht als Liegeflächen dienten. Doch sicher sei das nicht, betont die Stadtführerin. Denn: Die Experten sind sich uneins über den ursprünglichen Zweck der mittelalterlichen Gänge.

Vermutlich bestand Zwiesel, am alten Handelsweg zwischen Bayern und Böhmen gelegen, anfangs nur als Burgstall, also als bewachte Stelle für durchziehende Händler. Während des Zweiten Weltkriegs dienten die Gänge als Luftschutzbunker, danach wurden sie teilweise verfüllt.

»Wenigstens ein paar Tunnel hätten wir offen lassen sollen«, sagten sich die Zwieseler, als in den 60er-Jahren der Tourismus ins Rollen kam. Freiwillige machten einen Teil der Gänge wieder begehbar. Waren diese ursprünglich über versteckte Eingänge und Schlupfe zugänglich, führt seit 2007 eine Wendeltreppe hinab. Als wir wieder hinaufsteigen, kommen wir ins Schnaufen. Doch das Tageslicht tut gut.

🖉 Besucher der Unterirdischen Gänge müssen sich in der Tourist-Info anmelden, da die Teilnehmerzahl begrenzt ist. Sehenswert ist auch die Pfarrkirche von Zwiesel.

VERKOSTERIN BEATE SCHMIDT VERFÜHRT SEIT ÜBER ZEHN JAHREN URLAUBER WIE EINHEIMISCHE MIT DEN HIEKE-SCHNÄPSEN.

BAYERWALD BÄRWURZEREI ZWIESEL /// FRAUENAUER STRASSE 80 – 82 /// 94227 ZWIESEL /// 0 99 22 / 8 43 30 /// WWW.BAERWURZEREI-HIEKE.DE ///

# DIE APOTHEKE, IN DER MAN
# DIE MEDIZIN GLEICH TESTEN DARF

*Zwiesel – Bayerwald-Bärwurzerei Hieke*

## 33

Die Bärwurzerei Hieke in Zwiesel ist kaum zu übersehen, so eigentümlich ist das Haus mit Wolperdingern bemalt. Lassen Sie sich auch das Innenleben nicht entgehen. Kaum hat man die Probierstube betreten, geht es los: »Mögen S' lieber einen Klaren, was Süßes oder Kräuter?«, werden Sie von einer Verkosterin im Dirndl gefragt, und schon gluckert ein Schnapserl ins Stamperl. 36 verschiedene Sorten stellt der Familienbetrieb her – alle aus natürlichen Zutaten.

»Was ist denn der *Herzensbrecher*?«, will eine Urlauberin wissen, während deutsche Schlager aus dem Radio klingen. »Knoblauch-Mistel-Weißdorn«, antwortet die Verkosterin freundlich, »ich verwende ihn zum Anmachen von Salaten und ich lege im Sommer mein Grillfleisch darin ein.«

Schnell ist klar: Die Brände hier sind nicht nur gut, sondern auch nützlich. Schließlich wird Hiekes Ur-Schnaps, der Bärwurz, seit den 40er-Jahren ausschließlich aus den Auszügen der Bärwurz destilliert. Und deren Name hat nichts mit Bären zu tun, sondern kommt davon, dass die Bayerwald-Wurzel gebärenden Frauen als schmerzlinderndes Mittel diente.

Jetzt betritt ein älteres Ehepaar den Laden. Die beiden haben neben einem Enkelsohn zu ihrer Orientierung eine Einkaufsliste dabei. Daneben lässt ein einzelner Mann hilflos seinen Blick über die Regale schweifen.

»Mögen S' was probieren, der Herr?«, fragt ihn die Verkosterin.

»Hm, ich muss mal überlegen …«

»Kennen Sie schon was von uns?«

»Ja, eigentlich alles.«

»Aber deswegen dürfen Sie doch auch probieren und schauen, ob alles noch so schmeckt!«

»Einen Absinth, bitte.«

Erfahren Sie in Hiekes humorvoller Wolperdinger-Schau alles über das außergewöhnliche bayerische Fabelwesen – von den Arten bis hin zu den Fangmethoden.

›LEIDENSCHAFT‹ HEISST DIESES OBJEKT VON
GLASKÜNSTLERIN BARBARA ZEHNER, DIE UNS HIER FRÖHLICH WINKT.

GLASMUSEUM FRAUENAU /// AM MUSEUMSPARK 1 ///
94258 FRAUENAU /// 0 99 26 / 94 10 20 ///
WWW.GLASMUSEUM-FRAUENAU.DE ///

# LERNEN UND SPIELEN MIT GLAS

*Frauenau – Gläserne Gärten und Glasmuseum*

## 34

Das macht Spaß: Die Kunstwerke in den Gläsernen Gärten in Frauenau kann man nicht nur betrachten. Man kann sogar mit ihnen spielen. Durch die *Leidenschaft* sehen Sie durch, im *Imaginary Space* sind Sie allein schnell auch mal zu zweit oder zu dritt. Im Vergleich zum *Urkraut* fühlen Sie sich winzig. Dafür können Sie die *Stummen Diener* zu einer Verbeugung zwingen oder ohne große Zauberei die *Zwischenwelt* betreten. Wenn Sie ganz leise sind, hören Sie in den überdimensionalen *Lebensadern* vielleicht das gläserne Blut des Bayerischen Waldes rauschen – und am *Herzstück* den Puls pochen.

Das ist gar nicht so abwegig. Schließlich ist Frauenau das »Gläserne Herz« der Region. Hier verarbeitet und präsentiert man das spröde und doch so vielseitige Material in all seinen Facetten. Hier wird seine Geschichte ausführlich dokumentiert in einem Glasmuseum inmitten der Gläsernen Gärten.

Das Zentrum des Museums bildet ein symbolischer Schmelzofen. Um ihn herum lassen Collagen, Exponate, Zeitzeugen-Zitate und Fotos die Sozialkultur einer Glashüttensiedlung lebendig werden, ohne dabei das Hüttensterben und die Zukunftssorgen der Branche zu verschweigen. Die Dauerausstellung präsentiert Exponate, die international besonders bedeutend sind, die Abteilung *Glas der Moderne* zeigt künstlerisches Glas aus dem 20. und 21. Jahrhundert – also aus der Studioglasbewegung, die 1962 in den USA begann.

Diese sah Glas nicht mehr nur als industriellen Werkstoff an, sondern ermöglichte es mit speziellen Öfen erstmals, unabhängig von den traditionellen Manufakturen Glaskunstwerke zu schaffen. Pionier dieser Bewegung in Europa ist der Frauenauer Künstler Erwin Eisch (Jahrgang 1927), dessen Hauptwerke im Museum zu sehen sind. Wenn Sie sich Zeit nehmen, lässt sich hier sehr viel lernen. Im Garten spielen können Sie dann immer noch.

In Frauenau findet jährlich eine internationale Sommerakademie statt: Das Bild-Werk bietet Kunst-Workshops für jedermann. www.bild-werk-frauenau.de

DIE GLÄSERNEN GÄRTEN IN FRAUENAU

GLASMANUFAKTUR FREIHERR VON POSCHINGER /// MOOSAUHÜTTE 14 ///
94258 FRAUENAU /// 0 99 26 / 9 40 10 /// WWW.POSCHINGER.DE ///

# EIN ZERBRECHLICHER TRAUM

*Frauenau – Glasmanufaktur Freiherr von Poschinger*

Jetzt bin ich dran. Glasmacher Michael Krauss ruft mich zum Glasofen. Der Rentner, der in seiner Freizeit in der Glasmanufaktur Freiherr von Poschinger in Frauenau aushilft, gibt mir ein Mundstück aus Plastik. Dann bereitet er seine Glasmacherpfeife mit flüssigem Glas für mich vor. Ob es mir gelingt?

Die Leute hier werden es schon wissen. Seit viereinhalb Jahrhunderten steht das Unternehmen für höchste Handwerkskunst. Die 23 Mitarbeiter fertigen bereits ab einem Stück – was die kleine Manufaktur zu einer wichtigen Adresse für Spezialanfertigungen werden ließ. Donnerstags von 10 bis 14 Uhr und täglich während der Betriebsführungen können Gäste selbst Glas blasen: Blumenkugeln, die, mit Wasser gefüllt, Zimmerpflanzen befeuchten und das Fensterbrett schmücken.

Ich wähle für meine Kugel Grün als Grundfarbe und dazu eine Handvoll buntes Granulat. Michael Krauss zieht mich an das Ofenloch und lässt mich die Glaspfeife in den Flammen drehen. Ich würde gerne ein bisschen herumspielen, spüren, wie dieses rätselhafte Material reagiert. Aber von dem 1.200 °C heißen Feuer geht es so verdammt warm weg, dass ich froh bin, als mein »Lehrmeister« diesen Arbeitsschritt nach ein paar Sekunden für beendet erklärt. Voller Respekt setze ich meine Lippen an die Glasmacherpfeife, hole Luft und blase los. Erst passiert nicht viel. Nicht einmal die Farben sind erkennbar, weil der Batzen noch glüht. Doch dann füllt ihn mein Atem langsam auf.

»Stopp«, befiehlt mein Chef, damit das erkaltende Glas nicht platzt, »jetzt weiter«. Ich blase noch einmal, dann ist die Kugel groß wie eine Kokosnuss – und wunderschön. Dunkelgrün und durchsichtig schimmernd, mit weißen, blauen und roten Tupfern. Ich lasse sie abkühlen, wickle sie in Papier. Auf dem Nachhauseweg ist Vorsicht geboten. Ich will nicht, dass dieser gläserne Traum zerbricht.

✐ Auch in der Glashütte Eisch können Gäste selbst Glas blasen. Poschinger, Eisch und Theresienthal sind die einzigen Hütten, die noch traditionell fertigen.

TOURIST-INFO REGEN /// SCHULGASSE 2 ///
94209 REGEN /// 0 99 21 / 6 04 82 /// WWW.REGEN.DE ///

Passau, acht Uhr abends: Meine Freundin Susan wird in vier Stunden 32 Jahre alt. Ich schlage vor, ihren Geburtstag spontan in Regen zu feiern. Dort läuft das drumherum – Bayerns größtes Volksmusikspektakel. Mit rund 3.500 Musikanten und Sängern. Und mit insgesamt 50.000 Besuchern, zu denen auch wir gleich gehören.

Halb zehn in Regen: Wir kaufen uns auf dem Stadtplatz eine Halbe Bier, schauen den feschen Trachtlerpaaren beim Polkatanzen zu und ziehen dann weiter. In den Wirtshäusern und Hinterhöfen, auf den Straßen und im Kurpark am Regenufer – überall spielen Musikanten vergnügt gerade da auf, wo es ihnen gefällt.

Und was ihnen gefällt: »Von traditioneller bis zu moderner Volksmusik ist alles erlaubt«, erklärt Organisator Roland Pongratz das drumherum-Prinzip. Der Großteil der Teilnehmer kommt aus Bayern, aber auch aus den Nachbarländern sind etliche dabei. Gage erhalten sie für ihre Auftritte nicht, dafür Kost und Logis, Workshops und viel Gelegenheit zum Austausch. Die meisten tragen Dirndl oder Lederhosen: die einen ganz akkurat, so wie es »sich gehört«. Die anderen interpretieren Tracht mit Turnschuhen und Dreadlocks jugendlich-flippig. Diese flirrende Vielfalt spiegelt sich in der Musik: Ist sie hier ein Zwiefacher oder ein Landler, geht sie ein paar Meter weiter über in Balkan-Pop und Jazz.

Halb zwölf im Kurpark: Die Stimmung ist gigantisch. Wir können uns nicht vorstellen, dass es irgendwo noch Menschen geben soll, die keine Volksmusik mögen.

Mitternacht, in den Armen eines Musikers: Ich wollte ihn und seine drei an einem Biertisch spielenden Freunde lediglich um ein Geburtstagsständchen bitten. Dabei stolperte ich, fiel – und landete direkt in seinem Schoß. Jetzt machen wir das Beste draus: Die Musikanten holen Susan dazu, und ich gebe eine Runde aus.

🎔 Das Festival läuft in den geraden Jahren zu Pfingsten von Donnerstag bis Montag. Die meisten Veranstaltungen sind für Musikanten und Besucher kostenlos.

GUNTHER MIT SEINER AXT STEHT HEUTE NOCH NAHE DER FRÜHEREN
KLOSTERKIRCHE IN RINCHNACH. INFOS ZUM GUNTHERSTEIG GIBT'S
BEIM TOURISMUSREFERAT DEGGENDORFER LAND ///
HERRENSTRASSE 18 /// 94469 DEGGENDORF /// 09 91 / 3 10 02 31 ///
WWW.LANDKREIS-DEGGENDORF.DE /// WWW.BAYERISCHER-WALD.DE ///

TOURIST-INFO RINCHNACH /// GEHMANNSBERGER STRASSE 12 ///
94269 RINCHNACH /// 0 99 21 / 58 78 /// WWW.RINCHNACH.DE ///

»Ich bin dann mal weg«, sagte Komiker Hape Kerkeling und machte sich auf, den Jakobsweg nach Santiago de Compostela zu gehen. Sein Buch darüber hat viele Leser dem Pilgern näher gebracht – um in schwierigen Zeiten zu sich selbst zu finden, zu beten oder einfach um zu wandern. Im Bayerischen Wald bieten sich dafür der ostbayerische Jakobsweg, die Via Nova und der Gunthersteig an.

Dieser ist knapp 90 Kilometer lang und folgt in vier überwiegend einfachen Etappen dem späten Weg des Benediktinermönchs Gunther. Um das Jahr 955 geboren, war er ein thüringischer Reichsgraf, der sich die halbe Zeit seines Lebens weltlichen Genüssen hingegeben und auch mal geprügelt haben soll.

Das änderte sich schlagartig, als er 1005 auf Gotthard traf, den Abt des an der Donau gelegenen Benediktinerklosters Niederaltaich. Gunther büßte, trat in den Orden ein – und ging mit Gotthards Erlaubnis als Einsiedler in die Wälder. Erst ließ er sich bei Lalling nieder, 1011 zog es ihn weiter nach Norden. Seine nächste Zelle bewohnte er da, wo heute die Wallfahrtskapelle Frauenbrünnl steht. In der Nähe begann er 1012, mit der Hilfe von Laienbrüdern den Urwald zu roden und ein kleines Kloster aufzubauen – die Gründung von Rinchnach, der Überlieferung nach die älteste Siedlung des Bayerwalds. In seinen letzten Lebensjahren zog sich Gunther weiter in die Einsamkeit zurück – nach Gutwasser (Dobrá Voda) im heutigen Böhmen, wo er 1045 starb.

Nahe der Rinchnacher Kirche stellt eine von sieben Statuen entlang des Steigs Gunther mit seiner Rodungsaxt dar. An ihn erinnern alle vier Jahre auch die Rinchnacher Guntherfestspiele. Gunther habe in der Mitte seines Lebens einen Bruch erlebt und sich umorientiert, erklärt Regisseurin Regina Wenig die Aussage des Stücks. Nach einem Einschnitt einen neuen Weg zu finden – ein zutiefst menschliches Thema.

✍ Weltliche Fernwanderwege sind der Baierweg, der Böhmweg, der Pandurensteig und der Goldsteig. Informationen unter www.der-fernwanderer.de

JEDES JAHR IM NOVEMBER LÄUTEN DIE WOLFAUSLASSER — MEHR
INFORMATIONEN BIETET DIE TOURIST-INFO RINCHNACH ///
GEHMANNSBERGER STRASSE 12 /// 94269 RINCHNACH ///
0 99 21 / 58 78 /// WWW.RINCHNACH.DE ///

# DIE HÄRTESTE NACHT DES JAHRES

*Rinchnach – Wolfauslassen*

Es ist ein archaischer, unvorstellbar lauter Brauch, den die Rinchnacher Wolfauslasser jedes Jahr vom 9. auf den 10. November feiern: Sie ziehen Schafswollwesten an, setzen mit Ästen verzierte Hüte auf, schnallen sich bis zu 35 Kilogramm schwere Glocken um und ziehen im Takt damit läutend von Haus zu Haus. Wer diese Nacht, die man »Anmelden zum Wolfauslassen« nennt, durchhalten will, braucht Ausdauer, Kraft und die Fähigkeit, tags darauf Muskel- und Gelenkschmerzen zu unterdrücken. Heimisches Bier, eine deftige Brotzeit und das Gemeinschaftsgefühl gleichen den geflossenen Schweiß dann wieder aus.

Die seit der Nachkriegszeit gepflegte Tradition geht zurück auf die Waldhirten, die früher im Herbst das Vieh von den Weiden wieder hinunter in die Dörfer trieben. Um von den Bauern ihren Jahreslohn einzufordern und Wölfe von den Stallungen fernzuhalten, hängten sie sich dabei selbst die Kuhglocken um. Als »Wolf« bezeichnet man auch eine Gruppe von Wolfauslassern. Angeführt wird diese von einem »Hirten«. Bevor das Spektakel beginnt, stimmen sich Hirte und Wolf auf die typische Weise darauf ein:

»Buam?«, ruft der Hirte.

»Jo!«, antwortet der Wolf.

»Seid's oizam do?«

»Jo!«

»Geht koana mehr o?«

»Na!«

»Dann riegelts enk und schiddelts enk!«

Sobald dieser Ruf verhallt, bringt das Wolfsgeläut die Straße zum Beben. Am Abend des 10. November veranstalten die Wolfauslasser aus Richnach und den umliegenden Dörfern im historischen Ortskern ein höllisch lautes Geläut, das man das »große Wolfauslassen« nennt. Bis zu 600 Wolfauslasser und Tausende Besucher lassen sich diese Nacht der Nächte nicht entgehen.

☞ Besuchen Sie auch die Rinchnacher Barockkirche, das Wallfahrtskirchlein Frauenbrünnl und den Fledermaus-Waldspielplatz für Kinder und Erwachsene.

SCHAFHOF PERL /// GRUB 26 /// 94269 RINCHNACH ///
0 99 28 / 3 75 98 36 /// WWW.SCHAFHOF-PERL.DE ///

# EIN GESCHÄFT MIT VIEL GEFÜHL
*Grub bei Rinchnach – Schafhof Perl*

»Wenn's mit dem Xaverl mal zu Ende geht, dann wird's zum Weinen«, das weiß Ernst Perl jetzt schon. Der Landwirt betreibt mit seiner Frau Elisabeth im Rinchnacher Ortsteil Grub einen Schafhof mit rund 200 Tieren, und der in die Jahre gekommene Schafbock Xaver ist ihm besonders ans Herz gewachsen. Xaver spielte schon im *Forsthaus Falkenau* mit, trinkt noch immer aus der Flasche und besonders Familien lieben ihn: Bei den regelmäßigen Hofführungen darf jedes Kleinkind einmal eine Runde auf ihm reiten.

15 verschiedene Rassen züchtet Ernst Perl, darunter Wald- und Bergschafe, Heidschnucken, schwarz-weiß gefleckte Züchtungen und ungarische Zackelschafe mit langen, spektakulär in sich gewundenen Hörnern. »Durch eine Kreuzung kam sogar einmal ein Bock mit vier Hörnern heraus«, erzählt Ernst Perl amüsiert.

Das Konzept seines Hofs geht auf: Die Urlauber kommen teilweise in Bussen, um alles über die Zucht und die Verarbeitung von Fellen, Wolle, Fleisch und Milch zu erfahren. Sämtliche Produkte kann man im 300 Quadratmeter großen Laden gleich besichtigen, befühlen und erwerben. Dort informiert Elisabeth Perl über die besonderen Eigenschaften der Schaferzeugnisse. Am Ende ihres lebhaften Vortrags gibt es Stückchen von fettarmer Lammsalami und vitaminreichen Schafsmilchkäse zu probieren. Danach werden Splitter von edelbitterer Schafsmilch-Schokolade zum Kosten angeboten, und auch »äußerlich« kann man die Schafsmilch testen – etwa als Körperlotion mit Limettenduft und dem Schafwollfett Lanolin.

Während die Besucher noch im Laden stöbern, ist Ernst Perl schon wieder bei seinen Tieren. Wenn es ums Schlachten geht, werde er jetzt immer sentimentaler, bekennt er. Auch das Wegfahren reize ihn kaum: »Vor Kurzem war ich einen Tag in Österreich. Aber lieber stell' ich mich abends zu den Schafen.«

⌕ Die Termine für Führungen sind auf der Homepage angekündigt. Besonders zu Ostern, wenn man bei der Schafschur zusehen kann, lohnt sich ein Besuch.

**NATIONALPARK-INFOSTELLE SPIEGELAU** ///
**KONRAD-WILSDORF-STRASSE 1** /// **94518 SPIEGELAU** ///
**0 85 53 / 96 00 17** /// **WWW.NATIONALPARK-BAYERISCHER-WALD.DE** ///

Alte, abgestorbene Fichten ragen in den Himmel wie weiße Skelette, im unwegsamen Gelände liegen erdig-braune Wurzelteller, die groß wie Kleinbusse sind. Dazwischen ein leise rauschendes Bächlein, von Libellen umschwirrte Tümpel, Baumpilze in der Größe von Sonnenhüten, hüfthohe Farne, moosbedeckte Felsen. Ein absolutes Chaos und dazwischen: hellgrüner Jungwuchs – Bäume, die sich in einem Gewirr von zerfallenen Stämmen ihren Weg in die Sonne suchen.

1983, 1991 und 2006 wüteten Windwürfe in diesem Fichten-Tannen-Buchen-Bergmischwald, mehrere Male wurden Teilstücke vom Borkenkäfer befallen. Seit rund 50 Jahren dient dieses Gebiet, das zum Nationalpark gehört, nicht mehr der Holzgewinnung. Seit 1983 ist es seiner natürlichen Entwicklung überlassen, 1995 erschloss man es mit einem 1,3 Kilometer langen Holzsteg. Quer liegende Baumstämme hat man dabei nicht etwa durchtrennt, sondern mit Holztreppen und Brücken überbaut. So wurden Hindernisse zu Kunstwerken in einer Galerie der Natur. Hölzerne Tafeln mit Texten und Zitaten regen zum Nachdenken an. Wer das tut und auch noch Fotos macht, kann für die kurze Strecke gut und gerne eine Stunde brauchen, denn: Hier meditiert man mehr, als man geht.

Von Mitte Mai bis Anfang November ist die Zufahrt, die Schwarzachstraße, von 8 bis 18 Uhr für Autos gesperrt. Zum Start gelangt man entweder zu Fuß oder mit dem Igelbus im Halbstundentakt. Dort begrüßt die erste hölzerne Tafel den Wanderer:

»Es braucht nicht nur der Mensch den Wald. Es braucht auch der Wald den Menschen, der ihn schützt. Darum dieser Steig. Er heißt Seelensteig. Mögen alle, die ihn gehen, sich angerührt fühlen von den Bildern des Lebens und des Sterbens, die er ihnen erschließt.« Zu sehen gibt es nicht weniger als des Waldes Tod und Wiedergeburt.

☞ Vom Seelensteig aus bietet sich auch eine Wanderung auf den Rachel an. Am unteren Ende der Straße befindet sich im Bach eine einladende Kneipp-Anlage.

GLÜCKLICH ZWISCHEN DEN WAREN IN IHREM MARKT DER GUTEN DINGE:
BETTINA SCHEEL, DIE SICH MIT DEM GRASHÖFLE EINEN TRAUM ERFÜLLTE.

GRASHÖFLE /// KLOSTERFILZWEG 24 (VORMALS TOTENMANNER WEG) ///
94568 SANKT OSWALD /// 0 85 52 / 6 92 ///
WWW.GRASHOEFLE-FERIEN.DE ///

# ROMANTISCH EINKAUFEN
# IM MARKT DER GUTEN DINGE

*Sankt Oswald – Grashöfle*

Ein altes Bauernhaus verwunschen im Grünen gelegen, eine große Stube mit Kachelofen und ein Laden mit vielen schönen kleinen Dingen – damit hat sich Bettina Scheel ihren Lebenstraum erfüllt. Verkaufte sie früher hochwertige Mode in Ludwigsburg, zog es sie Ende der 8oer-Jahre hin zu einem einfachen, naturnahen Leben. »Als schon Kinder T-Shirts für 400 D-Mark wollten und in mein Geschäft eingebrochen wurde, war das nicht mehr mein Ding«, erzählt Bettina Scheel, »also machte ich mich auf die Suche nach einem Haus für eine kleine Pension. Erst in ganz Deutschland, dann nur noch in Bayern.«

Am Rande von Sankt Oswald im Nationalpark wurde die damals knapp 40-jährige Schwäbin fündig. Zusammen mit Freunden renovierte sie das Haus. Richtete vier gemütliche Ferienwohnungen ein und füllte ihren *Markt der guten Dinge* auf – mit märchenhaften Koch- und Kinderbüchern, betörend einfachen Leinen-Tischdecken und nostalgischem Blechspielzeug zum Aufziehen. Mit Bonbons, Honig, Likören, Schnupftabak und Arnikaprodukten aus der Region.

Nicht zu übersehen ist ihr Faible für Kunst und gutes Handwerk: Details wie Handtuchhalter, Seifenschüsseln und Kerzenständer lässt sie nach eigenen Entwürfen anfertigen. Die Sauna am Gartenteich wurde spontan von fachkundigen Gästen gebaut.

Bettina Scheel, ursprünglich gelernte Augenoptikerin, ist ausgebildete Waldführerin und hat viele Ausflugstipps für ihre Gäste parat. Hunde sind hier gern gesehen. Menschen, die Remmidemmi suchen, kommen eher nicht zum Zug. »Wenn ich früher von der Modebranche gestresst war, habe ich mir immer einen Ort gewünscht, an dem ich anruf und sag: ›Ich komm.‹ Ich brauch nur ein Bett, etwas zu lesen und Natur«, erzählt Bettina Scheel, »damals dachte ich: Wenn ich mal aussteige, dann mit so was.«

✍ In Sankt Oswald befinden sich außerdem das Biohotel Pausnhof und das waldgeschichtliche Museum. Für eine sanfte Wanderung bietet sich der Klosterfilz an.

**PIZZERIA – RISTORANTE – EISCAFÉ DA LUIGI ///**
**ALTSCHÖNAUER STRASSE 1 /// 94568 SANKT OSWALD ///**
**0 85 52 / 92 12 86 ///**

# SO GROSS WIE EIN WAGENRAD
*Sankt Oswald – Pizzeria Ristorante da Luigi*

42

Am Tag, bevor Luigi De Pescalis und seine Frau Marianne Simmet 2002 ihr italienisches Restaurant in Sankt Oswald eröffneten, wollten sie sicherheitshalber noch den Ofen testen. Kurzerhand luden sie die Kinder aus der Nachbarschaft zum Pizzaessen ein. Am Abend darauf war die Wirtin vor Anstrengung den Tränen nahe: Den ganzen Tag war es drunter und drüber gegangen, so viele Gäste waren gekommen.

Diese Mund-zu-Mund-Propaganda kommt nicht von ungefähr: Die 32 verschiedenen Pizze, die auf der Karte stehen, werden mit frischen Zutaten belegt, sind so groß wie Wagenräder und kommen heiß dampfend aus einem Holzofen im Gastraum. Dort steht Luigi, der aus Lecce in Apulien stammt, streicht weiße Fladen glatt und erklärt: »Das Geheimnis ist der Teig. Ich mache ihn immer schon am Morgen.«

Mehr als 30 Jahre lebt er schon in Deutschland, zuletzt arbeiteten er und seine Frau in Regensburg. Als sie schwanger wurde, beschloss das Paar, in Mariannes Heimat Sankt Oswald zu ziehen. Längst hat sich Luigi in dem 3.000-Einwohner Ort im Nationalpark eingelebt, doch auch heute noch zieht es ihn montags, wenn das Restaurant geschlossen hat, nach Passau oder Regensburg.

Von Dienstag bis Sonntag kann man neben Pizza aus einer langen Liste von Pasta und überbackenen Nudelgerichten wählen. Es gibt Pizzabrot und Antipasti, Risotto, Gnocchi, Salate sowie Fleisch und Fisch aus der Pfanne und vom Grill. »Wir achten bei den Zutaten auf eine gute Qualität und machen unsere Nudeln selbst«, erklärt Marianne Simmet, die Verwandte im nahe gelegenen Biohotel Pausnhof hat, »manchmal gibt es auch Nudeln aus Dinkelmehl.« Was die Wirtin persönlich am liebsten mag? »Die Pizza Primavera mit frischen Tomaten, Mozzarella, Parmaschinken, Parmesan und Rucola.« Ich schaffe immerhin drei Viertel davon und freue mich auf das Reste-Essen zu Hause.

✍ Am besten schmeckt's, wenn man zuvor beim Goldwaschen in Riedlhütte war. Donnerstags werden geführte Wanderungen angeboten. Info unter 08553/6083.

NACH EINER LUSEN-WANDERUNG LADEN IM THEUERJAHR-SKULPTUREN-
PARK AFFEN UND ANDERE TIERE AUS AFRIKA KOSTENLOS ZUM
VERWEILEN EIN. IM HINTERGRUND DAS FRÜHERE WOHNHAUS MIT ATELIER.

ARCHE HEINZ THEUERJAHR — SKULPTURENPARK ///
LUSENSTRASSE 41 /// 94556 WALDHÄUSER /// 0 85 53 / 97 90 07 ///
WWW.ARCHE.THEUERJAHR.COM ///

# AFFEN AM LUSEN
*Waldhäuser – Arche Heinz Theuerjahr*

Im Dorf Waldhäuser am Fuße des Lusen stoßen zwei Welten aufeinander: der urtümliche Bayerische Wald – und die Anmut Afrikas. Oberhalb des Dorfes weiden Elefanten, Antilopen und Giraffen. Zu sehen sind auch Affen, Löwen, Hyänen und ein Gorilla. Alle aus Bronze, teils lebensgroß, entworfen und gestaltet von dem Bildhauer, Maler und Grafiker Heinz Theuerjahr (1913–1991). Der Sohn aus gutem Hause hatte den stillen Ort Waldhäuser, heute im Nationalpark gelegen, auf einer Wanderung entdeckt. 1940 baute er hier ein einfaches Haus mit Atelier, kurz darauf lernte er seine Frau Zenzi Schrank kennen und gründete eine Familie. Doch immer wieder zog es den aus Pommern stammenden Theuerjahr nach Afrika. Zurück kam er mit unzähligen Skizzen von den Tieren dieses Kontinents – Grundlagen für Hunderte Aquarelle, Kohlezeichnungen, Pastelle, Druckgrafiken und Skulpturen.

»Am Vormittag wurde gearbeitet, dann hat er mit uns zu Mittag gegessen, ein bisschen geschlafen und einen Spaziergang gemacht«, erinnert sich Sohn Hans-Georg, der auf Anfrage Besucher durch das Atelier führt. »Er war ein begnadeter Erzähler und spielte gut Ziehharmonika. Das hat den Leuten gefallen«, berichtet Gerd Fritsch, der den Künstler oft besucht hat. 1964 baute die Familie neben dem alten Wohnhaus ein neues, komfortableres Haus, zog aber nie um. Theuerjahr starb 1991 nach langer Krankheit inmitten seiner Tiere im Atelier.

Um sein Werk kümmert sich neben den Nachfahren der Verein Freundeskreis Heinz Theuerjahr. Dieser funktionierte das neuere Wohnhaus zu einem Museum um und errichtete auf dem Grundstück einen Park mit 22 Original-Bronzeplastiken, die von der Familie zur Verfügung gestellt wurden – die Arche Heinz Theuerjahr. Eine wunderbare Symbiose von Kunst und Natur, ein Stück Afrika am Fuße des Lusen.

 Von Waldhäuser führen Wanderwege in ein bis zwei Stunden auf den Lusen. Es lohnt sich auch der Umweg über den kleinen See der Martinsklause.

GLASARCHE AM LUSEN ///
ZWISCHEN TEUFELSLOCH UND HIMMELSLEITER ///
WWW.GLASARCHE.COM ///

# EIN WAHRHAFT VIELSCHICHTIGES SYMBOL
*Lusen – Glasarche*

## 44

Schwer und gleichzeitig zerbrechlich, groß und doch schützenswert liegt sie da – die Glasarche am Lusen. Grün schimmernd und gehalten von einer Hand aus Eichenholz, umgeben von jungem Urwald und dem Wanderweg, der über die Himmelsleiter auf den mit Granitbrocken übersäten 1.373 Meter hohen Gipfel führt.

Die Geschichte der Arche beginnt, als der Glaskünstler Ronald Fischer aus Zwiesel im Wald einen alten Kahn liegen sieht. Zusammen mit Umweltpädagogin Sabine Eisch und Glasgestalter Hubert Stern entwickelt er die Idee für ein grenzüberschreitendes Projekt: ein Schiff aus Glas. Bestehend aus 480 einzeln ausgeschnittenen und zusammengefügten Flachglasscheiben, ist es am Ende fast fünf Meter lang und drei Tonnen schwer. Und weil es ein Schiff ist, geht es auf Reisen: 2003 wird die Glasarche auf Rundhölzern rollend an ihren ersten Standort gezogen, den Lusen. Tatkräftig begleitet von 200 Menschen, die sie – inmitten abgestorbener Fichten – als Zeichen der Hoffnung sehen.

Diese Wirkung soll die Arche im ganzen bayerisch-böhmischen Grenzgebiet entfalten, so steuert sie noch 19 weitere Häfen an. Als sie 2004 in Dobrá Voda vor Anker geht, wird sie von den Verantwortlichen des Nationalparks Šumava mit einer offenen Hand aus Holz begrüßt. Geschaffen von den Bildhauern Tomáš Indra aus Pilsen und Libor Kuzdas aus Čkyně, trägt die Hand fortan das Schiff. Fünf Jahre nach Antritt seiner Reise wird dieses wieder auf den Lusen gezogen, wo es heute zu bewundern ist.

Die Glasarche steht für die gefährdete Glasmachertradition und erinnert zudem an Gottes Auftrag an die Menschheit, Verantwortung für die Schöpfung zu übernehmen. Und noch eines hat das deutsch-tschechische Gemeinschaftskunstwerk zum Ziel: Es will dazu ermutigen, den bayerisch-böhmischen Natur- und Kulturraum weiterzuentwickeln und auch im Denken Grenzen zu überwinden.

🖉    Von Waldhäuser aus erreicht man die Glasarche in einer Stunde. Die steinerne Himmelsleiter führt auf den Lusengipfel hinauf. Unterhalb ist ein Schutzhaus.

DER PETZI-HOF IST EINES DER BEDEUTENDSTEN ENSEMBLES IN DEN
EUROPÄISCHEN FREILICHTMUSEEN. IM NACHGEBAUTEN BAUERNGARTEN
WACHSEN ZUM TEIL DIE ORIGINALPFLANZEN AUS RÖHRNBACH.

FREILICHTMUSEUM FINSTERAU /// MUSEUMSSTRASSE 51 ///
94151 FINSTERAU /// 0 85 57 / 9 60 60 /// WWW.FREILICHTMUSEUM.DE ///

# ZWISCHEN FANTASIE UND REALITÄT
*Finsterau – Freilichtmuseum*

## 45

Es ist romantisch im Freilichtmuseum Finsterau nahe der tschechischen Grenze. Es ist gemütlich, sich dort im Straßenwirtshaus Ehrn einen Rinderbraten mit böhmischen Knödeln schmecken zu lassen. Und ja: Wenn es im Kappl-Hof gelegentlich nach frischgebackenem Brot duftet, fühlt man sich irgendwie »zu Hause«. Doch die Idylle trügt: Die Böden sind karg, die Winter lang. Und die Bauernhöfe und Nebengebäude, die seit Anfang der 8oer-Jahre im Museumsdorf wieder aufgebaut werden, sind Zeugen einer Zeit geprägt von harter Arbeit. Heute in aller Ruhe von Hof zu Hof zu spazieren und das Innenleben der Häuser zu erkunden, setzt regelrecht ein Kopfkino in Gang.

Gerade die Kleinigkeiten und Eigenheiten sind es, die beim Besucher Fragen entstehen lassen, lebhafte Bilder der Vergangenheit. Das ist natürlich Absicht: Die Museumsleitung achtet genau darauf, bei jedem Wiederaufbau eines Hauses alle Details zu erhalten und zu integrieren. Nicht nur die schönen Möbel und Kleider der letzten Bewohner, auch die geflickten Schürzen am Haken hinter der Tür.

Wie wertvoll das Brot- und Saatgetreide Anfang des 18. Jahrhunderts gewesen sein muss, zeigen etwa die vielen Schlösser an der Türinnenseite des Getreidekastens des Kappl-Hofs. Im Sachl aus Rumpenstadl wundert man sich über die Stube, die hinter Bretterwänden gleich zwei Küchenherde hat. Die letzte Bewohnerin stellte den kleineren, emaillierten Sparherd hinein, weil der alte gemauerte durchgebrannt war.

Durch seine Größe beeindruckt der Petzi-Hof – eines der bedeutendsten Ensembles in den europäischen Freilichtmuseen. Im Garten wachsen noch Originalpflanzen vom ursprünglichen Standort in Röhrnbach im Landkreis Freyung-Grafenau. Der Hof ist so eingerichtet, wie er dort um 1930 aussah. Die Schlafkammer der Bauerseheleute ist mit zwei einzelnen Betten ausgestattet, was damals ungewöhnlich war.

✎ Kinder freuen sich über einen Allwetterspielplatz. Für einen Spaziergang ganz in der Nähe bietet sich der Jugendsteig mit seinen Kunstwerken an.

**BAUMWIPFELPFAD NEUSCHÖNAU ///**
**BÖHMSTRASSE 43 /// 94556 NEUSCHÖNAU ///**
**0 85 58 / 97 40 74 /// WWW.BAUMWIPFELPFAD.BY ///**

# EIN BAUM-EI MIT RUNDUMBLICK
*Neuschönau – Baumwipfelpfad*

## 46

Ameisenhaufen, Moose, Steine, Wege und dicke Stämme – als Wanderer ist man gewöhnt, den Nationalpark und seinen Wald vom Boden aus zu erleben. Beim längsten Baumwipfelpfad der Welt in Neuschönau am Fuße des Lusen können Sie den Bergmischwald einmal aus luftiger Höhe betrachten – barrierefrei und ohne jedes Risiko. In acht bis 25 Metern Höhe spazieren Sie dort den 1,3 Kilometer langen Holzsteg zwischen den Baumkronen entlang und schließlich über diese hinaus.

Infotafeln geben Aufschluss über die spezifische Tier- und Pflanzenwelt, alternative Nebenwege mit schaukelnden Plattformen, Brücken und Balance-Elemente sorgen für Abwechslung. Der Hauptweg ist bis zu zwei Meter breit und mit einer Steigung von maximal sechs Prozent auch für Rollstuhlfahrer und Eltern mit Kinderwägen zu bewältigen. Am liebsten mag ich die Stelle, an der man über das Geländer einen Baum berühren und mit eigener Kraft ins Wanken bringen kann – am Boden wäre das nie möglich.

Ein weiterer Höhepunkt im wahrsten Sinne wartet am Ende des Pfades: Ein architektonisch faszinierendes, 44 Meter hohes Gebilde aus Holz, das den Spitznamen »Baum-Ei« trägt. Auf einer Strecke von 500 Metern schraubt sich der Weg spiralförmig um eine Buche und zwei Tannen herum, überragt sie schließlich und bildet an der Spitze eine runde Aussichtsplattform mit Rundumblick. Seit seiner Einweihung im Jahr 2009 hat sich das Baum-Ei schnell zu einem Besuchermagneten entwickelt. Es wurde mit dem bayerischen Architektur- und Tourismuspreis *arturo* ausgezeichnet und inspirierte auch schon Schriftsteller: Im dritten Bayerwald-Thriller (Erscheinung Herbst 2014) des Autorenduos Lothar Wandtner und Alexander Frimberger spielt das Baum-Ei eine wichtige Rolle. »Der Bayerwald thrillt«, sagen die beiden und geben passend zu den Schauplätzen ihrer Krimis auch gleich Tatort-Wanderkarten heraus.

🚲 Wer die Gegend bequem mit einem E-Bike erkunden möchte, wendet sich an den Fahrradverleih und -service von Manfred Krammer (0 85 58 / 12 39).

LUCHSE BEKOMMT MAN LEIDER NUR SELTEN ZU SEHEN.

NATIONALPARK-BESUCHERZENTRUM HANS-EISENMANN-HAUS ///
BÖHMSTRASSE 35 /// 94556 NEUSCHÖNAU /// 0 85 58 / 9 61 50 ///
WWW.NATIONALPARK-BAYERISCHER-WALD.DE ///

# LUCHSE, ELCHE UND ERNEUERUNG
*Neuschönau – Nationalpark Bayerischer Wald*

## 47

Wie wild wollen wir den Wald? Wenn es um den Nationalpark Bayerischer Wald geht, wird diese Frage immer wieder diskutiert. Im Sommer 1970 eröffnet, ist der Nationalpark mit seinen gut 24.000 Hektar der älteste in Deutschland. Im Vergleich zum Alter vieler seiner Bäume steckt er aber noch in den Kinderschuhen. Besucher und vor allem die Menschen, die mit ihm leben, brauchen Geduld, um seine Entwicklung zu verstehen.

Leicht macht er uns das nicht: Wenn Windwürfe nicht wieder aufgeforstet werden und der Borkenkäfer riesige Totholzflächen zurücklässt, wenn wir vom Rachelgipfel aus kein Grün mehr sehen, sondern vielmehr das Grau der Baumgeripppe, kann das durchaus verstören. Oder haben wir es mit den abgestorbenen Bäumen nur deshalb so schwer, weil wir das Thema Vergänglichkeit allgemein nicht so gern mögen?

Doch keine Zeit für Traurigkeit: Junge Bäume wachsen gerade auf den vermodernden alten gut, die Erneuerung hat längst begonnen, was besonders am Lusen auffällt. 300 Kilometer Wanderwege, 200 Kilometer Radwege und etliche Lehrpfade im Nationalpark machen es uns leicht, selbst nachzusehen. Die Informationszentren in Sankt Oswald, Ludwigsthal und Neuschönau helfen uns zusätzlich auf die Sprünge.

Und spätestens, wenn wir im Tier-Freigelände mit viel Glück einen Luchs zu Gesicht bekommen, werden wir den Nationalpark lieben. Zusammen mit seinem tschechischen Nachbarn Šumava bietet er der scheuen Wildkatze mit dem Stummelschwanz und den Pinselohren eine ideale Heimat. Rund 40 Luchse soll es im bayerisch-böhmischen Grenzgebiet geben. Ziel ist es, sie mit anderen Luchs-Populationen zu verbinden, um für einen genetischen Austausch zu sorgen. Auch Elche, die über Polen nach Mitteleuropa einwandern, scheinen sich immer wohler zu fühlen. Im Oktober 2013 wurde mehrmals ein Pärchen gesichtet.

🌿     Luchse entdeckt man am ehesten im Tier-Freigelände in Neuschönau. Schön ist auch die Wanderung von Ludwigsthal nach Bayerisch Eisenstein. Rückfahrt mit dem Zug.

SCHLOSS EGG /// EGG 2 /// 94505 BERNRIED ///
0 99 05 / 80 01 /// WWW.SCHLOSS-EGG.DE ///

# EIN KLEINOD, DAS GÄNSEHAUT MACHT
*Bernried – Schloss Egg*

## 48

Der Mann dort oben an der Brüstung sieht exakt so aus, wie ich mir einen echten Schlossherren vorstelle: Aufrecht und groß, heller Bart, dunkler Pullover, karierter Schal. Mit einer Katze im Arm überblickt er von seinem Aussichtspunkt über dem Tor genau, wer kommt. Tatsächlich ist er nicht der Schlossherr, sondern dessen Bruder, der die Besucher an der Kasse in Empfang nimmt. Wie es sich hinter den dicken Mauern so lebt? »Zeitweise kalt, aber sonst ganz romantisch«, sagt er knapp, aber freundlich.

Schloss Egg bei Bernried ist die älteste und heute noch vollkommen erhaltene Burganlage in den Vorbergen des Bayerischen Waldes. Seit der ersten urkundlichen Erwähnung 1103 war sie Sitz der Ritter Eckher von Eckh und ihren Nachfahren. Um 1840 baute Graf von Armansperg die Schutzburg zu einem neugotischen Schloss um. Seit 1939 gehört es der Familie Hartl, die hier auch lebt. Schossherr Georg Luitpolt Hartl ist nicht nur Honorarkonsul der Republik Kongo, sondern auch Antiquitätenhändler mit Spezialgebiet China. Asiatische Kostbarkeiten sieht man auch bei einer Führung durch den ersten Stock des Haupthauses. Der Großteil des Mobiliars stammt aber von Graf von Armansperg.

Im Spiegelsaal kann man standesamtlich heiraten, kirchliche Trauungen sind in der Kapelle im Innenhof möglich. Dieser wirkt mit Palmen, wildem Wein, Oleander und Rosen zwar einladend mediterran, wird aber überschattet von einem 45 Meter hohen Hungerturm. Aus dessen Verlies karrte man einst drei Wagenladungen menschliche Skelette heraus. Um mein Gruselerlebnis abzurunden, besuche ich auch den ehemaligen, nur von Grablichtern erhellten Folterkeller. Gut, dass der Egg'sche Gänsehaut-Faktor durch ein stilvolles Restaurant mit Biergarten ausgeglichen wird. Dort kann ich dann noch in aller Ruhe nachdenken über die Geschichte von der weißen Frau ohne Kopf.

☞ Nach dem Schloss Egg rechts Richtung Metten beginnt der sieben Kilometer lange Rundwanderweg 7 über Bernried, Gmeinbühl und Weibing nach Edenstetten und zurück.

STADTPFARRKIRCHE MARIÄ HIMMELFAHRT ///
PFARRGASSE 1 /// 94469 DEGGENDORF ///
09 91 / 37 16 60 /// WWW.MARIAE-HIMMELFAHRT.DE ///

# WIE DIE DEGGENDORFER
# ZU EINEM ALTAR AUS MARMOR KAMEN

*Deggendorf – Stadtpfarrkirche Mariä Himmelfahrt*

## 49

»Eine Besonderheit der Kirche ist der Hochaltar, der nicht aus Holz ist, sondern aus Marmor«, erklärt Stadtpfarrer Martin Neidl, »so einen kriegt man normalerweise nicht, der war sehr teuer.«

In der Tat: 35.000 Reichsmark kostete das spätbarocke Kunstwerk von Baumeister und Bildhauer Matthias Seybold. Einst befand sich der Hochaltar im Willibald-Dom zu Eichstätt, doch aufgrund der Regotisierung wurde er verkauft. Dass Deggendorf ihn 1881 erwerben konnte, ist dem damaligen Stadtpfarrer Dr. Konrad Pfahler zu verdanken, der zuvor als Professor in Eichstätt gearbeitet hatte. Der Transport des Altars war allerdings ein schweres Stück: Für sein Gewicht von 147 Tonnen benötigte man 14 Eisenbahnwaggons.

Doch das war nur die jüngste Bauperiode der Stadtpfarrkirche – ihre Geschichte reicht viele Jahrhunderte zurück: Durch Grabungen konnte man drei romanische Bauphasen nachweisen, die letzte lag wohl zwischen 1242 und 1250. Ende des 15. Jahrhunderts wurde der gotische Chor errichtet, dessen Mauermantel erhalten blieb. Der bis heute bestehende Ausbau erfolgte in den Jahren 1656/57 und um die Mitte des 18. Jahrhunderts entstanden die Stuckaturen an der Orgelempore sowie die Decken- und Wandfresken des Deggendorfer Malers Joseph Wilhelm Seidl (gestorben 1769). Diese stellen die Lauretanische Litanei dar, deren Anrufungen sich an Maria richten.

Dass die Enkel beschützt seien, die Mutter gesund werde, das Examen nicht so schwer sei und der Sohn jemanden finden möge – diese Bitten und viele mehr haben Besucher in das dafür in der Kirche bereitgelegte Buch geschrieben. Sätze, die eindrücklich zeigen, wie Menschen ihre Sorgen und Nöte in Gottes Hände legen. Die Kirche Mariä Himmelfahrt, die auf der Strecke des Pilgerweges Via Nova liegt, scheint ein guter Platz dafür zu sein – seit vielen Jahrhunderten.

✒ Besuchen Sie auch das Handwerksmuseum. Das beste Schnitzel gibt's im Gasthof Höttl, wo regelmäßig auch Musikantentreffen stattfinden.

DIE GÄRTEN UND DIE BLUMEN SIND DIE LEIDENSCHAFT DER
ENSBACHER BÜRGER. IHRE HÄUSER SIND GRÜN UMRANKT UND
UMWUCHERT.

ENSBACH /// 94571 SCHAUFLING ///

# BULLERBÜ MIT BLUMEN

*Lallinger Winkel – Ensbach*

## 50

Grillen zirpen, Quellwasser gluckert. Schwer fällt ein Apfel vom Baum, rollt langsam über die Straße. Eine Katze streunt vorbei, und auch ein paar Hühner machen gerade ihren Abendspaziergang durch das Dorf. 50 Einwohner zählt Ensbach im Lallinger Winkel, und fast alle haben viel für Blumen übrig. Ihre zwölf Häuser sind umrankt von Ringelblumen, Rosen und Wein, von Dahlien, Geranien, Hortensien, von Fuchsien und der feschen Fanny mit ihren unzähligen rosa-lila Blütenblättern. An einem Gartenzaun wächst Pfefferminze. Hollerbusch und Heckenrosen stehen gleich daneben.

Dass es die Pflanzen hier so gut haben, liegt nicht nur an den Menschen, sondern auch am Klima: Der Lallinger Winkel ist ein Hochtal, das sich nur nach Südwesten hin öffnet. Im Nordwesten, Norden und Osten wird es durch die Kammhöhen des Vorderen Bayerischen Waldes vor kalten Winden und Regen geschützt. Traditionell ist die Gegend von Streuobstwiesen geprägt, jeweils zur Zeit der Baumblüte und der Ernte hat der Obstanbau im Lallinger Winkel auch touristische Bedeutung.

»Seit wir 1999 den Landkreissieg im Wettbewerb *Unser Dorf soll schöner werden* geholt haben, kommen hier ab und zu Reisebusse vorbei«, erzählen die Brüder Alfred und Erich Weber, während sie das Blumenmeer ihres Vorgartens gießen. Allerdings hätten junge Familien mittlerweile neue Häuser dazugebaut, sodass das Dorf nicht mehr ganz so urtümlich wirke.

Aber das macht nichts. Es zeigt, dass junge Menschen in Ensbach leben wollen. »Hier ist es einfach schön«, findet auch Christine Reis, die hier mit ihrer kleinen Tochter regelmäßig Vater und Großmutter besucht. »Als Kinder waren wir im Dorf überall daheim. In jedem Haus wohnte sozusagen eine Oma. Die haben wir auch so genannt. Die haben uns etwas zu essen gegeben, wenn wir Hunger hatten. Sie haben uns aber auch schimpfen dürfen.«

🖎 Vom nahe gelegenen Ensmannsberg kann man auf den 917 Meter hohen Aussichtsberg Haussstein wandern. Bei Föhn sieht man bis zu den Alpen.

BŘEZNÍK BEI MODRAVA

BŘEZNÍK (PÜRSTLING) BEI MODRAVA /// CZ 34192 MODRAVA ///
WWW.NPSUMAVA.CZ ///

»Trittst du aus der Tür des Forsthauses, steht vor dir der Lusen, den struppigen Kopf in weiße Nebel oder in schwarze Wolken gehüllt, in südlicher Richtung die Ebene abschließend. (…) Überall moorige Einöde, einförmig bis zur Verzweiflung; elender Wald, den Kälte und Feuchtigkeit nicht zum Wachsen kommen lassen (…).« – So trist beschreibt der Böhmerwald-Autor Karel Klostermann (1848–1923) die Einöde Březník (Pürstling) bei Modrava.

Hier, in 1.165 Metern Höhe, spielt in der zweiten Hälfte des 19. Jahrhunderts sein Roman *Aus der Welt der Waldeinsamkeiten*. Das Leben der Figuren wird erschwert von kalten Wintern, in denen sie wochenlang in ihren Holzhauer-Hütten ausharren müssen. Und auch wenn die Liebesgeschichte um den Förstergehilfen und die Tochter des Jägers erfunden ist – die geschilderten harten Bedingungen sind wahr: 1.500 Millimeter Niederschlag sind es derzeit pro Jahr, 3,7 °C hat es im Schnitt, an 140 Tagen liegt Schnee. 1846 soll er 4,74 Meter hoch gewesen sein.

Als ich von Horská Kvilda mit dem Mountainbike durch den Wald nach Březník hinaufradle, weiß ich davon noch nichts. Aber diese vom Borkenkäfer geprägte und verlassene Gegend lässt mich dennoch melancholisch werden. Gut, dass das weite Tal des Lusenbachs zumindest vom Auerhuhn bewohnt wird und im früheren Forsthaus, dem einzigen verbliebenen Anwesen, eine Nationalpark-Infostelle für Leben sorgt. 1951 wegen des Eisernen Vorhangs aufgegeben, bis 1969 vom Grenzschutz genutzt und dann dem Verfall überlassen, wurde das Haus um die Jahrtausendwende wiederaufgebaut. Neben kinderfreundlichen Infos zur Natur gibt es eine Ausstellung über Karel Klostermann und seit Ende 2013 ein neues Restaurant für Wanderer aus Bayern und Böhmen.

Březník ist für mich erst im Nachhinein ein Lieblingsplatz geworden. Ein Platz mit einer Stimmung, die man nicht mehr vergisst.

Březník ist auf Wanderwegen und Forststraßen von Modrava und Filipova Hut zu erreichen. Auch vom bayerischen Berg Lusen aus führt ein Weg hin.

INFORMATIONSZENTRUM SVINNÁ LADA /// SVINNÁ LADA 21 ///
CZ 38493 KVILDA /// 0 04 20 / 388 434 180 /// WWW.NPSUMAVA.CZ ///

# EIN MOORSEE FÜR DIE MOSAIKJUNGFER

*Borová Lada – Chalupská slať (Großer Königsfilz)*

Die Fotos im Internet sehen vielversprechend aus. Ob es am Chalupská slať (Großen Königsfilz), Tschechiens größtem Moorsee im Nationalpark Šumava, tatsächlich so schön ist? Und wenn ja: Wird der Wind die schwimmende Insel mit der Birke, die auf den Bildern zu sehen ist, dann auch dorthin wehen, wo Sie mit Ihrer Kamera stehen? Nach einem kurzen Marsch über den langen Holzsteg zwischen den Latschenkiefern hindurch erreichen Sie das Seeufer und stellen zufrieden fest: Die Insel ist da, wo sie »hingehört« – nur einen Steinwurf von der kleinen Besucherplattform entfernt, perfekt für Ihre Fotos.

Der Große Königsfilz nahe der Ortschaft Borová Lada ist ein Hochmoor. Das heißt, hier ist es zu massiven Torfablagerungen gekommen. Sind diese im Schnitt 1,9 Meter hoch, ist die Schicht an der höchsten Stelle sogar sieben Meter dick. 2.340.000 Kubikmeter Torferde liegen auf einer Fläche von 137 Hektar verteilt.

Derzeit stagniert die Torfbildung allerdings. 950 Millimeter Jahresniederschlag reichen für das Moor nicht aus, um weiterwachsen zu können. Der Grund: Nur in einem sehr nassen Milieu und damit geringem Sauerstoffgehalt sind die Bedingungen dafür gegeben, dass abgestorbene Pflanzen nicht vollständig zersetzt werden, sondern sich ablagern.

Im 19. Jahrhundert trugen Torfstecher Teile des organischen Materials ab, um es als Brennstoff zu verwenden. Heute ist der Große Königsfilz geschützt, stellt die Torfschicht doch die Lebensgrundlage für die charakteristische Vegetation dar. Die Pflanzen, die hier gedeihen, haben so klangvolle Namen wie Rauschbeere, Rosmarinheide, Wiesen-Wachtelweizen und Zwittrige Krähenbeere. Die Torf-Mosaikjungfer und die Hochmoor-Mosaikjungfer stehen dem in nichts nach. Ob diese Libellenarten ab und zu die schwimmende Insel besuchen?

> In dem kleinen Infozentrum am Rande des Großen Königsfilzes erfahren Sie alles über die Moore des Böhmerwaldes. Auch einen Film gibt es zu sehen.

AN DER GRENZE BEI HAIDMÜHLE

STAATS-
GRENZE

SÜDLICHER
BAYERISCHER WALD

DAS TAL IN SOLLA BEI THURMANSBANG WIRD VON DEN HARTGESOTTENEN MOTORRADFAHRERN ALS »HEXENKESSEL« BEZEICHNET.

TOURISMUS-BÜRO THURMANSBANG /// SCHULSTRASSE 5 ///
94169 THURMANSBANG /// 0 85 04 / 16 42 /// WWW.THURMANSBANG.DE ///

# WINTERTREIBEN IM HEXENKESSEL

*Thurmansbang – Elefantentreffen*

## 51

Massenweise Motorräder, Lagerfeuer und Zelte, Tausende Männer und eine Handvoll Frauen – das klingt nach einem ganz normalen Biker-Treffen. Was aber, wenn es Winter ist? Wenn -10 °C herrschen, die Zelte eingeschneit werden? Dann ist es das Elefantentreffen im Talkessel von Solla bei Loh, das der Bundesverband der Motorradfahrer seit 1989 jedes Jahr Ende Januar/Anfang Februar ausrichtet. Seinen Namen hat das Treffen von dem Zündapp-Gespann KS 601, das auch als »Grüner Elefant« bezeichnet wurde, doch erlaubt sind jegliche Motorräder.

Wie sich die Teilnehmer, die aus ganz Europa anreisen, auf ihr Winter-Zeltlager im Hexenkessel einstellen, ist eine Schau: Einige ziehen sich zum Schlafen dezent in Pensionen zurück. Andere schwören auf Ein-Mann-Iglus und dicke Daunen, wieder andere bauen in Gruppen ganze Zeltburgen auf – natürlich mit einem Grillplatz im in der Mitte. Ein Motorradfahrer aus Bamberg schläft im Stuhl, weil er Schlafsäcke nicht mag. Ein Holländer schwört auf dicke Stiefel, in die er Luft pumpt, die nachts warm hält. »Am Ende stinken alle gleich« titelte ein Lokaljournalist zum 25. Elefantentreffen in Loh. Das fand zwar nicht im Schnee statt, sondern im Schlamm, aber daran störte sich keiner. Viele Teilnehmer sind bereits zehn oder 20 Mal hier gewesen, haben von Tiefschnee und Eisglätte bis Tauwetter schon alles erlebt.

Für den schönsten Eigenbau, die weiteste Anfahrt und den ältesten Teilnehmer gibt es Pokale, und es spielen Rock-Bands, aber das scheint eher Nebensache zu sein. Den meisten geht es darum, für ein paar Tage aus dem Alltag auszubrechen, alte Bekannte zu treffen, jenseits aller Sprachbarrieren auf das Wiedersehen anzustoßen. Und natürlich auf sämtliche überstandene Pannen – denn die sind für einen anständigen Elefanten erst das Salz in der Suppe.

✍ Der Eintritt für Tagesbesucher kostet unter zehn Euro, Schaulustige kommen am besten am Samstag. Motorradfahrer informieren sich direkt unter www.bvdm.de

DER EINSTIEG IN DEN SCHRAZLGANG LIEGT DIREKT UNTER DEM
GASTHAUS KLESSINGER /// HAUPTSTRASSE 31 /// 94163 SALDENBURG ///
0 85 04 / 82 39 /// WWW.GASTHAUS-KLESSINGER.DE ///

# AUF KNIEN ZU DEN SEELEN
# DER VERSTORBENEN
*Saldenburg – Schrazlgang*

Platzangst wäre hier unangebracht: Der Schrazlgang unter dem Gasthaus Klessinger bei Saldenburg ist nicht viel höher als einen Meter, und man muss schon schlank sein, um hindurchzuschlüpfen. Als ich schwer atmend die 20 Meter von der Endkammer zurück zum Eingang krieche, geht auf halber Strecke lustigerweise auch noch das Licht aus.

Sie wissen nicht, was ein Schrazlgang ist? Die Bezeichnung leitet sich ab von den Schrazln. So werden Zwerge, Kinder oder kleine Menschen hier genannt. Sie wissen immer noch nicht, was ein Schrazlgang ist? Da sind Sie nicht allein. Denn so genau weiß das auch sonst keiner. Nun ja, es gibt Menschen, die sich ein bisschen damit auskennen, sogenannte Erdstallforscher. Sie fanden heraus, dass der Schrazlgang – oder Erdstall – unter dem Gasthaus Klessinger rund 1000 Jahre alt ist. Aber von wem und zu welchem Zweck er und die allein in Bayern 700 anderen Gänge angelegt wurden, bleibt ein Mysterium.

Allen gemein ist, dass sie nicht an einer anderen Stelle im Freien enden, dass man weder Knochen noch Artefakte fand und der Sauerstoff irgendwann knapp wird. Eine Nutzung als Fluchtwege, Gräber oder Wohnstätten kommt also kaum infrage. »Eine im weitesten Sinne kultische Bedeutung der Erdställe scheint derzeit am wahrscheinlichsten«, heißt es auf der Homepage des Arbeitskreises für Erdstallforschung. Eine Theorie lautet, die Erdställe hätten als vorübergehende Aufenthaltsorte für die Seelen der Verstorbenen gedient.

Der Erdstall der Klessingers, 1449 erstmals urkundlich erwähnt, ist der Familie seit Generationen bekannt. 2006 legte ihn der junge Wirt für seine Gäste frei und funktionierte den alten Kartoffelkeller zum Informationsraum um. Der Besuch kostet nichts außer ein bisschen Mut. Und zu Ihrer Beruhigung: Durch den Bewegungsmelder geht das Licht nach ein paar Sekunden wieder an.

☞ Wer sich nicht traut, kann das Innere anhand eines Videos erkunden und in dem sehr kinderfreundlichen Gasthaus mit Spielplatz und Biergarten einkehren.

MARTIN L. HAFNER /// MARKTPLATZ 17 /// 94157 PERLESREUT ///
0 85 55 / 6 99 /// WWW.HAFNER-PERLESREUT.DE ///

# GUTES ESSEN, LUSTIGE LEUTE UND EIN WIRT MIT WITZ

*Perlesreut – Hafner Wirtshaus*

(53)

Wenn man wochentags zwischen 12 und 13 Uhr das Hafner Wirtshaus in Perlesreut betritt, kann es passieren, dass man von einem netten Herrn an einen runden Tisch gebeten wird. Einträchtig schmausen hier: in roten Pumps die elegante Geschäftsstellenleiterin der örtlichen Raiffeisen-Bank, im schwarzen Sakko der Innenrevisor selbigen Instituts, im schwarzen Fleece ein selbstständiger Kfz-Mechaniker, in blauer Latzhose der Besitzer eines Autohauses. Und im Rollkragenpulli der nette Herr: Bürgermeister Manfred Eibl.

»Wär' doch schade, wenn Sie alleine sitzen würden«, lädt er mich ein, »bei uns laufen die Informationen zusammen. Wie andere ihren Stammtisch haben, haben wir unseren Mittagstisch.« »Es heißt, der Bürgermeister geht nur noch wegen der Mittagspause in die Arbeit«, scherzt der Autohaus-Besitzer. »Bei wem das Handy klingelt, der muss eine Runde zahlen«, erklärt mir der Kfz-Mechaniker. »Sie können ihn ja mal anrufen«, spitzt mich der Autohausbesitzer an. »Wenn es Ramazotti gibt, dann mit Herzerl-Eiswürfeln drin«, schwärmt die Dame von der Bank. Der Bürgermeister verkündet, ihm gehe nichts über hochwertiges Essen und lustige Gesellschaft, und für ein »Grüß Gott« schaut auch der Pfarrer am Tisch vorbei.

»Es ist zuweilen unglaublich«, lacht Wirtin Monika Hafner. Ihr Mann, der »Hafner Mortl« – groß, massig, schiefe Nickelbrille – kommt auch kurz aus der Küche. Während seine Onkel Architekt und Bildhauer sind und seine Schwester die Schreinerei des Vaters übernahm, wurde er Koch. Und geheimer Kabarettist, genießt er doch neben dem Kombinieren regionaler Produkte das Spiel mit der Sprache. Zum Beispiel wenn er ein »Schnitzel vom Kitzl« auf die Karte schreibt. Oder einen »Gsottenen Ochselbleschl« (Gesottene Ochsenzunge). Fragen Sie ihn auch nach seiner philosophischen Reise: von Perlesreut nach Paris – und das mit dem Bulldog.

⌘ Geboten werden in dem aus sieben Hölzern gestalteten Wirtshaus auch vegetarische Gerichte, Lesungen, Konzerte und eine Terrasse mit Dachsteinblick.

LEOPOLDSREUT /// LEOPOLDSREUT 11 UND 12 /// 94145 HAIDMÜHLE ///
TOURIST-INFO HAIDMÜHLE: 0 85 56 / 1 94 33 /// WWW.HAIDMUEHLE.EU ///

# DAS VERSCHWUNDENE DORF, DAS BALD WIEDER EIN WIRTSHAUS HAT

*Leopoldsreut*

Der 1.167 Meter hohe Berg Haidel hat zwar keinen ausgeprägten Gipfel, dafür kann man auf dem bewaldeten Buckel ausgiebig langlaufen, wandern – und auf einem Aussichtsturm das Waldmeer rauschen hören. Nur 20 Gehminuten entfernt liegt das Dorf Leopoldsreut. Oder besser gesagt: lag. Denn Leopoldsreut ist verschwunden.

1618 zur Sicherung der Landesgrenze und des Handelsweges Goldener Steig gegründet, hat 1962 die letzte Waldarbeiterfamilie das Dorf verlassen. Wo früher 21 Häuser standen, ist großteils wieder Wald. Karge Böden, Stürme, Minustemperaturen und massenweise Schnee – als in den Städten das Wirtschaftswunder zu wirken begann, wollte auf rund 1.100 Metern Höhe keiner mehr leben, so die eine Version der Geschichte. Walter Landshuter erzählt sie anders. Der Wirt und Mitbegründer der renommierten Passauer Kabarettbühne Scharfrichterhaus ist 1945 in Leopoldsreut geboren, wuchs dort bei den Großeltern auf und sagt: »Es war doch so, dass der Forst alles daransetzte, dort wieder Fichten zu pflanzen. Man hätte den Dorfbewohnern mit Infrastruktur helfen sollen, statt sie zu vertreiben.«

Heute existieren nur noch das Forsthaus, die renovierte Kirche und die alte Schule. Mehrmals wechselte das denkmalgeschützte Gebäude den Eigentümer, doch Versuche, das Gebäude wieder zu nutzen, gestalteten sich bisher schwierig: Kein Strom, kein Fernwasser, keine Kanalisation – und die Auflagen der Behörden machen es auch nicht leichter.

Den jetzigen Eigentümer Markus Trauner, einen jungen Unternehmer aus Grafenau, schreckt das nicht. Er möchte im alten Klassenzimmer ein Wirtshaus einrichten und verpachten, bis 2016 soll es so weit sein. »Dass sich das wirtschaftlich für mich rentiert, erleb ich sicher nicht mehr. Aber ich hab Liebe zu dem Haus entwickelt. Und man glaubt gar nicht, wie viele Leute sich für Leopoldsreut interessieren.«

✍   Informieren Sie sich bei den Schautafeln über die Vergangenheit des Dorfes. Glaskunstwerke und Sitzgelegenheiten laden zum Verweilen ein.

STILVOLL WOHNEN UND STÖBERN KÖNNEN GÄSTE BEI
FAMILIE HAIDL-MADL IN MARCHHÄUSER AN DER
BAYERISCH-BÖHMISCHEN GRENZE.

HAIDL-MADL FERIENWOHNEN /// MARCHHÄUSER 2 ///
94145 BISCHOFSREUT /// 0 85 50 / 17 44 ///
WWW.HAIDL-MADL-FERIENWOHNEN.DE ///

# EIN LEBEN FÜR DEN GUTEN STIL

*Marchhäuser – Ferienwohnungen Haidl-Madl*

## 55

»Schatz, hörst du was?«, fragt die Frau ihren Mann, »hörst du irgendetwas?« – »Warte. Nein. Ich höre auch nichts.« Derartige Dialoge kommen bei den Gästen von Ingrid Haidl-Madl immer wieder vor. Kein Wunder: In ihrem Haus in Marchhäuser bei Haidmühle, nur 50 Meter von der tschechischen Grenze entfernt, ist es wirklich sehr still. Neben dem eigenen Wohnbereich richtete sie mit ihrem Mann Lothar einen Laden für ausgesuchte Möbel und Textilien sowie drei Ferienwohnungen ein. Für Menschen, die Ruhe suchen und reduzierten, schwedisch inspirierten Stil lieben. Die Betten, Öko-Matratzen und Designerstühle, die Vollholzküchen und Kaffeemaschinen können die Gäste allesamt auch kaufen, nachdem sie diese in den Wohnungen getestet haben.

»Es ist einfach anders bei uns«, sagt Ingrid Haidl-Madl, während sie auf dem Gartentisch selbst gesammelte Schwammerl zum Trocknen ausbreitet. Die neue Haustüre ist aus sieben verschiedenen Hölzern geschreinert. Eines der Gästeschlafzimmer gehörte einst dem Schriftsteller Hermann Lenz, der in Marchhäuser Ferien machte. Da, wo jetzt die Terrasse ist, verlief früher der Handelsweg Goldener Steig. Der Hausherr stellt im Gang Holzobjekte aus. Und wer morgens aus dem Fenster schaut, erblickt zwischen Nebelschwaden und ersten Sonnenstrahlen den Dreisessel, den Böhmerwald und die Pferde auf der Koppel des Nachbarn.

Bei der Renovierung des Hauses – die Grundmauern stehen schon seit 300 Jahren – hat das Ehepaar bewusst einige Mauerstellen nicht mehr verputzt, um einen Blick auf die Granitsteine zu ermöglichen. In der neuen, hochmodernen Ferienwohnung im Erdgeschoss setzen Großmutters alte Fenster einen gewollten Kontrast. Das Leben und Arbeiten mit dem Stil lassen sich Ingrid Haidl-Madl und ihr Mann einiges kosten: »Dafür verzichten wir auf anderes. Das ist unser Weg.«

Von Marchhäuser kann man beidseits der Grenze nach Haidmühle wandern. Auf tschechischer Seite kommt man an einer Lichtung mit einer Hausruine vorbei.

ENTLANG DES EHEMALIGEN TRIFTERSEES UND DES FRÜHEREN TRIFTKANALS FINDEN SICH VIELE GERUHSAME PICKNICKPLÄTZE.

TRIFTERSTEIG KREUZBACHKLAUSE ///
DREISESSEL-BERGSTRASSE /// 94145 HAIDMÜHLE ///

TOURIST-INFO HAIDMÜHLE /// SCHULSTRASSE 39 ///
94145 HAIDMÜHLE /// 0 85 56 / 1 94 33 /// WWW.HAIDMUEHLE.DE ///

# WO DAS WASSER IN ZWEI MEERE FLIESST
*Dreisessel – Kreuzbachklause*

## 56

Markante Felsformationen, gespenstische Totholzflächen, das Dreiländereck und das Steinerne Meer – auf dem 1.333 Meter hohen Dreisessel gibt es für Ausflügler viel zu sehen. Man kann dort sehr weit oben parken, wandern, Ski fahren, Schneeschuh gehen und im Berggasthof gutbürgerlich essen. Dabei entgeht so manchem eiligen Gipfelstürmer, dass es auch am Fuße des Berges Interessantes zu entdecken gibt. Zum Beispiel beim Wandererparkplatz an der Kreuzbachklause.

An einem moorigen See mit sonnigen Picknickplätzen kann man entlang des ein Kilometer langen Triftersteigs Verblüffendes erfahren. Das Kulturlandschaftsmuseum (KuLaMu) stellt auf Infotafeln anschaulich dar, mit welch großem Aufwand hier einmal der Holztransport betrieben wurde.

Durch die Industrialisierung in der ersten Hälfte des 19. Jahrhunderts war die Bevölkerung stark angewachsen, was einen erhöhten Energiebedarf zur Folge hatte. Die Städte Prag und Wien mussten Holz zum Heizen aus immer größeren Entfernungen beziehen. Weil der Transport großer Mengen nur über Wasserwege möglich war, flößte und triftete man das Holz aus dem Bayerischen Wald und Böhmerwald über Donau und Moldau an sein Ziel.

Was aber, wenn die Bäume am Dreisessel-Nordhang auf bayerischem Gebiet stehen, die Bäche dort aber alle Richtung Moldau und Prag laufen? Man baute Kanäle, die es erlaubten, das Holz entgegen des natürlichen Gefälles zur Donau hin zu triften. So war es möglich, die hier verlaufende Europäische Hauptwasserscheide zu überwinden – die Linie, an der sich entscheidet, ob das Wasser Richtung Moldau und Elbe in die Nordsee fließt, oder über Ilz und Donau ins Schwarze Meer.

Wenn man die Dreisesselstraße überquert und sich an den Schildern Richtung Wasserfall orientiert, kommt man nach fünf Minuten zu einer wunderschön belebenden Stelle mit vielen kleinen Gumpen.

⌖ Besuchen Sie im Grenzort Haidmühle auch den Industriesteig, der über die frühere Schwerindustrie und den Eisenbahnbau informiert.

**BERGGASTHOF DREISESSEL /// DREISESSELHAUS 1 ///**
**94089 NEUREICHENAU /// 0 85 56 / 3 50 /// WWW.DREISESSEL.COM ///**

# MIT DEN SCHNEESCHUHEN
# ZUM STEINERNEN MEER

*Dreisessel, Dreiländereck und Bayerischer Plöckenstein*

## 57

In der Nacht ist Neuschnee gefallen, perfekt für eine Schneeschuh-tour vom Berg Dreisessel (1.312 Meter) zum Steinernen Meer. Meine alten Schulfreunde und ich parken auf dem Dreisesselparkplatz etwa 15 Gehminuten unterhalb des Gipfels. Dort schnallen wir uns die Schneeschuhe an die Wanderstiefel, schlüpfen in unsere Handschu-he, ziehen uns die Mützen ins Gesicht, greifen nach den Stöcken und gehen los. Die Wintersonne hat ihren höchsten Punkt schon lange überschritten, die Luft ist klar und kalt, unberührt glitzert die frische Schneedecke vor uns, durchzogen nur von einer schmalen Spur.

Wir stapfen bergauf bis zur Abzweigung zum Rosenberger Gut, schlagen kurz diese Richtung ein und biegen nach etwa 50 Metern links ab auf den Adalbert-Stifter-Steig, der sich hier mit dem E6-Nordwald-kammweg deckt. Erst unterhalten wir uns noch, doch dann werden wir ruhig. Jeder muss seinen eigenen Rhythmus finden. Nach einer guten Stunde liegt vor uns das Steinerne Meer, das aus unzähligen Granitblö-cken besteht. Bis in die Alpen sehen wir heute nicht, doch im warmen Licht der Abendsonne sehen wir hinüber zum Skigebiet Hochficht. Wir überqueren das Steinerne Meer und wandern dann den Seesteig hinauf zum Dreiländereck. Ein Schritt auf die eine Seite und wir sind in Österreich, ein Schritt auf die andere und wir befinden uns in Tsche-chien. Zurück geht's auf dem Hochkammweg vorbei am Bayerischen Plöckenstein (1.364 Meter) und wieder zum Dreisessel mit seinen mar-kanten Gipfelfelsen, die wir – ohne Schneeschuhe – hinaufklettern.

Durch die sogenannte Wollsackverwitterung sind hier Gesteins-blöcke mit gerundeten Kanten entstanden, die wie Wollsäcke über-einander liegen. Der Sage nach saßen die Könige der drei Länder auf dem Felsen und stritten um die Grenzen. Wir aber sind friedlich und kehren zum Abschluss noch im Berggasthof ein.

✆ Unter www.dreisessel.com kann man geführte Touren buchen, die mit Schlittenfahrten oder einer Übernachtung im Igludorf in Mauth kombinierbar sind.

HUSKYHOF DREISESSEL /// BRANNTWEINHÄUSER 46 ///
94089 ALTREICHENAU / NEUREICHENAU /// 0 85 83 / 9 79 18 86 ///
WWW.HUSKYHOF-DREISESSEL.DE ///

# KUSCHELN MIT KARHU

*Altreichenau – Huskyhof Dreisessel*

## 58

Wer an Magic nicht vorbeikommt, hat schlechte Karten auf dem Huskyhof Dreisessel. Der Schlittenhund der Rasse Alaskan Malamute ist nicht nur der Bruder von Rudelführer Karhu, sondern auch eine Art Indikator, wenn Züchter Kilyan Klotsch entscheidet, ob er einem Interessenten einen Welpen verkauft oder nicht. »Magic hat eine untrügliche Menschenkenntnis. Wenn er jemanden anknurrt, hat das seine Gründe«, sagt Kilyan Klotsch.

Während seine Partnerin Andrea Rothmayer Reittherapie mit Westernpferden anbietet, können Besucher bei ihm in die Welt der Schlittenhunde hineinschnuppern. Das heißt: mit ihnen eine Schneeschuh-Wanderung unternehmen, bei einem Workshop selbst ein paar Runden auf dem Hundeschlitten drehen – oder die elf Tiere einfach nur in ihrem Zwinger besuchen.

Wenn Sie diesen betreten, kommen Rudelführer Karhu (finnisch: Bär) und einige andere der braunäugigen Hunde gleich her, um sich an Ihren Beinen zu reiben, sich streicheln und innig knuddeln zu lassen. Das wirkt wohltuend, herzerwärmend – und ist ein Erlebnis, das auch Kinder und Menschen mit Behinderung bedenkenlos genießen können. »Karhu ist sehr ruhig, das überträgt sich auf die anderen«, erklärt Kilyan. Mit Hunden aufgewachsen, hält der gebürtige Oberbayer seit 1999 Schlittenhunde und nimmt mit ihnen auch an Rennen teil. Sein Rudel hat er mit Hingabe so aufgebaut, dass die Rangfolge eindeutig klar ist und sich alle Tiere im Gehege frei bewegen, ohne sich gegenseitig zu stören.

Doch ist es den Alaskan Malamutes, die früher den Inuits als Zugtiere dienten, nicht zu warm im Bayerischen Wald? »Nein«, sagt Kilyan, »die Leute vergessen immer, dass es auch in Sibirien und Alaska mal 30 °C haben kann. Nur ist der Sommer dort halt kürzer. Wir achten darauf, die Hunde nicht vorzuspannen, wenn es heiß ist. Da machen wir Pause.«

🐾 Wer das Rudel näher kennenlernen möchte, kann sich auf dem Huskyhof in einem der drei liebevoll gestalteten Motto-Gästezimmer einmieten.

AN FEIERTAGEN VERKEHREN OLDTIMER DER EISENBAHNFREUNDE
PASSAU, AN GEWÖHNLICHEN TAGEN IST DIE BAHN EINE MODERNE.

ILZTALBAHN /// BAHNHOF 2 /// 94065 WALDKIRCHEN ///
TELEFONAUSKUNFT FÜR FAHRGÄSTE: 0 85 81 / 9 89 71 36 ///
WWW.ILZTALBAHN.EU ///

# MIT DEM ZUG NACH WALDKIRCHEN UND FREYUNG

*Ilztalbahn*

## 59

Gemächlich setzt sich der Schienenbus in Bewegung. Lässt den Bahnhof in Passau hinter sich, überquert beim Kraftwerk Kachlet die Brücke über die Donau, rollt dann durch dichtes Grün und Felsenschluchten weiter in das Tal der Ilz. Zwischen Fischhaus und Neuhausmühle meint man fast, man könnte vom Zug aus in den Fluss springen, so nah und verführerisch glitzert das dunkle Wasser in der Morgensonne.

Seit 2011 ist die Ilztalbahn von Passau nach Freyung wieder in Betrieb. Möglich gemacht hat dies der über 700 Mitglieder starke Förderverein Ilztalbahn e. V. Nachdem die im Jahr 1887 gebaute, rund 50 Kilometer lange Trasse mit drei Tunnels und mehr als 20 Brücken zehn Jahre ungenutzt gewesen war, setzte der Verein sie in Tausenden von Arbeitsstunden wieder instand. Seine Ehrenamtlichen stemmen auch den Fahr- und Bahnhofsdienst. Warum sie das machen? »Weil wir etwas für die Verkehrs-Infrastruktur im Bayerischen Wald tun wollen. Und weil wir alle einen leichten Eisenbahnvogel haben«, sagt Michael Paul, der an diesem Tag dafür zuständig ist, am Bahnübergang Waldkirchen die Schranke herunterzudrehen.

Für Lokführer Dr. Stefan Froschermaier beginnt hier der Abschnitt, der erhöhte Aufmerksamkeit erfordert. »Durch die vielen Bahnübergänge bis Freyung kann ich nur 5 bis 10 km/h fahren. Ansonsten bringen wir schon mal 50 km/h auf den Tacho«, erklärt der Urologe aus Passau, »am liebsten fahre ich an Feiertagen einen alten Schienenbus der Eisenbahnfreunde Passau. An den Wochenenden sind moderne, geräumige Züge im Einsatz.«

Die Ilztalbahn verkehrt von Mai bis Ende Oktober an Samstagen, Sonn- und Feiertagen je sechs Mal. Die Fahrt von Passau nach Freyung dauert mit neun Haltepunkten 75 Minuten. Auf der Rückreise kann man in Neuhausmühle frisches Brot kaufen. »Bitte beeilen Sie sich«, tönt es dann aus dem Lautsprecher.

✐ Das Ilztal bietet sich zum Wandern an. In Freyung isst man gut im Landgasthof Schuster. Mit dem Donau-Moldau-Ticket erreicht man auch Ziele in Böhmen.

FURLA

COCCINELLE

**MODEHAUS GARHAMMER /// MARKTPLATZ 28 ///
94065 WALDKIRCHEN /// 0 85 81 / 20 80 ///
WWW.GARHAMMER.DE ///**

# WO DER EINKAUF
# ZUM SINNLICHEN ERLEBNIS WIRD

*Waldkirchen – Modehaus Garhammer*

Kürzlich habe ich eine Umfrage in der Passauer Innenstadt durchgeführt. Für meinen Auftraggeber sollte ich herausfinden, wie zufrieden die Kunden mit den Geschäften sind. Eine Dame tat sich schwer mit der Antwort: Einerseits wollte sie bescheiden sein und nichts Negatives sagen. Andererseits musste sie bekennen, dass sie in puncto Einkaufsqualität einfach höhere Maßstäbe hat. Die Dame ist Modeberaterin im Modehaus Garhammer in Waldkirchen.

Dort steht neben hochwertiger Kleidung der persönliche Service im Mittelpunkt. Weil es das in dieser Form kaum mehr gibt, kommen viele Kunden nicht nur aus der Umgebung, sondern auch aus München, Linz und Budweis angereist. Was sie bei Garhammer erleben? Überdurchschnittlich viele Beraterinnen und Berater, die überdurchschnittlich freundlich, kompetent und unaufdringlich sind. Die sich so lange Zeit für sie nehmen, wie sie es wünschen und ihre Vorlieben auch beim nächsten Mal noch kennen. Die ihnen aus allen Abteilungen die Teile zur Kabine bringen – zusammen mit einer Tasse Kaffee oder einem Gläschen Sekt.

1896 von Johann Garhammer gegründet, wird das Modehaus heute in vierter Generation geführt. Die Geschäftsführung teilen sich die Brüder Christoph und Johannes Huber. Sie beschäftigen 420 Mitarbeiter und 30 Auszubildende, und immer wieder vergrößern sie die Verkaufsfläche. 9.000 Quadratmeter sind es momentan. Die Brüder übernahmen von ihren Eltern nicht nur das Unternehmen, sondern auch die Tradition, dass immer mindestens ein Mitglied der Familie im Haus anzutreffen ist.

Die moderne Innenarchitektur, die aufwendige Inszenierung der Ware und die exklusiven Marken machten meinen letzten Streifzug zu einem wahrhaft sinnlichen Erlebnis. Ich kaufte nur eine gewöhnliche Jeans – und erfreute mich dennoch an den Ballkleidern für 3.000 Euro.

✍ Seit der Erweiterung 2013 befindet sich im Dachgeschoss das Restaurant Johanns mit gehobener Küche und Servicepersonal beinahe in Abendkleidung.

**BORN IN SCHIEFWEG /// DORFPLATZ 9 /// 94065 WALDKIRCHEN ///
0 85 81 / 98 91 90 /// WWW.BORN-IN-SCHIEFWEG.DE ///**

# WO EMERENZ MEIER LEBTE, ARBEITETE UND SCHRIEB

*Schiefweg – Auswanderermuseum*

61

»Ein sehr professionell durchdachtes Museum, leider viel zu wenig bekannt. Positiv überrascht auf unserem 3er Frauenausflug aus Passau. Kulinarisch überzeugend, vor allem das Backhendl«, notieren drei Damen Ende Juni 2013 im Gästebuch neben der Kasse. »Ein sehr schönes Museum. Ich fand es toll, dass man eigene Gedichte schreiben kann«, kommentiert am 19. Mai in kindlicher Schrift ein Mädchen aus Augsburg. Das Auswanderermuseum Born in Schiefweg bei Waldkirchen ist in der Tat einen Besuch wert.

Das Geburtshaus der Bayerwald-Schriftstellerin Emerenz Meier (1874–1928) war in ihrer Kindheit ein Wirtshaus – und ist es heute wieder. Seit 2010 wird dort sehr plastisch dargestellt, warum in der zweiten Hälfte des 19. Jahrhunderts viele Bayer- und Böhmerwäldler nach Amerika emigrierten. Vor allem Kleinbauern, Handwerker und Dienstboten erhofften sich davon eine Verbesserung ihrer Lebensumstände. Die Ausstellung dokumentiert mit einfachen Mitteln und moderner Technik, wie die Überfahrt verlief, wohin es die Menschen verschlug und wie es ihnen in der Fremde erging.

Die emanzipierte und gesellschaftskritische Wirtstochter Emerenz Meier, die bereits als Zehnjährige Goethe las und nach der Volksschulzeit kleine Geschichten aus dem Alltag verfasste, wanderte 1906 nach Chicago aus. Doch zeitlebens vermisste sie die geliebte Waldheimat und schrieb nur noch wenig. Verluste von geliebten Menschen und Krankheit taten ihr Übriges für einen frühen Tod im Alter von nur 53 Jahren.

Das Bayerische Fernsehen hat sich mehrmals mit ihrem bewegenden Schicksal und dem Museum befasst. Wer Zeit mitbringt, kann sich die Filme in voller Länge ansehen. Interessant ist es auch, das Gästebuch durchzublättern: Am 8. August 2013 findet sich dort kommentarlos ein bayerisch-amerikanischer Name. An diesem Tag war Charles Hackl aus Barrington (Illinois) da – Sohn einer Auswandererfamilie.

✎ Zum Gasthaus Emerenz gehört ein Biergarten. Die gesammelten Werke der Emerenz erschienen 2013 im Morsak-Verlag. Immer wieder finden Lesungen statt.

**BEI DER AMERICAN HISTORY SHOW TREIBEN COWBOYS TÄGLICH BISONS UND RINDER DURCH DIE MAIN STREET.**

**WESTERNSTADT PULLMAN CITY /// RUBERTING 30 /// 94535 EGING AM SEE /// 0 85 44 / 9 74 90 /// WWW.PULLMANCITY.DE ///**

# WESTERNSHOWS UND SPINNER, DIE MAN INS HERZ SCHLIESSEN MUSS

*Eging am See – Westernstadt Pullman City*

Zugegeben, Pullman City liegt mir besonders am Herzen. Für meine Zeitungsberichte frage ich die Gäste gelegentlich, warum sie so gerne hierherkommen. »Weil wir hier so sein können, wie wir sind«, antworten sie dann. Und wie ist man so in Pullman City? Vor allem entspannt. Es kommt nicht darauf an, wie viel man verdient und wer man »draußen« ist. Es geht darum, Wildwest-Luft zu schnuppern und einmal den inneren Cowboy herauszulassen, Live-Countrymusik zu hören und die *American History Show* mit ihren freilaufenden Bisons zu erleben. Über Doc Magic Giuseppes Zaubertricks zu lachen, mit Cheyenne-Halbblut Hunting Wolf zu meditieren. Oder in die Fänge von Lassowerfer Black Leo zu geraten.

Seit 2011 neue »Sheriffs« das Ruder übernommen haben, gibt es für Kinder neben Ponyreiten, Goldwaschen und Bogenschießen auch einen Abenteuerspielplatz, einen Niederseilgarten, Fackelwanderungen und ein Ferienprogramm. An den Wochenenden kommen Westernreiter und Indianer-Fans genauso auf ihre Kosten wie Harley-Fahrer und Freunde amerikanischer Autos. Auch Linedancern und Rockabilly-Fans gefällt es hier. Und Menschen, die einfach nur ein saftiges Steak im Sinn haben oder einen Absacker in der urigen *Hudson Bay Bar*.

Bevor Sie dort die Zeit vergessen, besuchen Sie lieber zuvor noch den Authentik-Bereich. In originalgetreuer Kleidung und selbst gebauten Hütten ohne Strom und Wasser verbringen hier die »Hobbyisten« ihre Freizeit. Ihre Leidenschaft ist es, die amerikanische Geschichte zwischen 1740 und 1860 nachzuempfinden. Vielleicht treffen Sie den Wunderheiler El Bimbo an. Wer ihn freundlich bittet, dem zeigt er seine Meisterstücke im Perlensticken. Und ein Amulett, dessen Mittelpunkt nicht der Panzer eine Schildkröte ist, sondern El Bimbos eigener Hüftkopf. Ausgekocht und zugeschliffen, versteht sich.

🖉 Übernachtungen sind im Palace Hotel, in Ferienwohnungen, Blockhütten und Tipis möglich. Schwimmen gehen kann man im Eginger See und in den Sonnenthermen.

FEILMEIERS LANDLEBEN /// SCHWARZHÖRING 14 ///
94575 WINDORF /// 0 85 41 / 82 93 ///
WWW.FEILMEIERS-LANDLEBEN.DE ///

Bestellt man im Restaurant Feilmeiers Landleben einen Tee, gibt's dazu dreierlei Zucker. Bestellt man Essen, macht schon das Lesen der Speisekarte Spaß. Als Vorspeise lacht uns die Schaumsuppe von der Edelkastanie mit getrüffelten Weißbrotkrusterl an. Als Hauptgang wählt mein Begleiter Doradenfilet mit Safranspaghetti. Ich entscheide mich für das Beste vom bayerischen Hirschen: Zart geschmortes Scheiberl und gebratenes Hirschmedaillon in Preiselbeer-Rotweinjus mit Brezenstrudel, hausgemachten Spätzle und Wintergemüse.

Seit Küchenmeister Hans Feilmeier (Jahrgang 1980) im Jahr 2011 die elterliche Gaststätte in Schwarzhöring bei Windorf neu eröffnete, werden Genießer in den modern-gemütlich gestalteten Räumen und auf der Sonnenterrasse nach allen Regeln der Kunst bewirtet. Seine Frau Katrin und die weiblichen Servicekräfte bedienen freundlich und professionell in schicken Dirndl-Kleidern, die Männer lässig in Lederhosen und Karohemden.

Noch vor der würzigen Suppe im Glas kommt als »Magen-Tratzerl« eine Trüffelpraline vom Kürbis – mild im Geschmack und langsam auf der Zunge schmelzend. Das Hirschlein zergeht ebenfalls beinahe, ohne dass ich es kaue, optisch dominiert von einem satt machenden Turm: dem aufgestellten Brezenstrudel mit knuspriger Außenhaut.

Küchenchef Feilmeier und seine vier Köche machen es sich nicht leicht: Von den Schupfnudeln bis zu den Spaghetti, von der Gewürzmischung bis zu den Soßen – hier wird alles frisch und selbst gemacht, ohne künstliche Zusatzstoffe und Geschmacksverstärker. »Unser Curry hat dreimal mehr ätherische Öle als üblich und ist sehr ergiebig. Den Unterschied schmeckt man einfach«, sagt Hans Feilmeier, der nebenbei noch Kochkurse gibt und selbst produzierte Feinkost und Gewürze verkauft.

🔥 Für eine zauberhafte zweistündige Wald- und Wiesenwanderung entlang eines Bachs bietet sich der Sieben-Brückerl-Weg bei Windorf an der Donau an.

VON DER INNBRÜCKE AUS HAT MAN EINEN SCHÖNEN BLICK AUF INNPROMENADE, ALTSTADT UND VESTE OBERHAUS.

ALTES RATHAUS /// RATHAUSPLATZ 2 /// 94032 PASSAU /// 08 51 / 95 59 80 /// WWW.TOURISMUS.PASSAU.DE ///

TOURIST-INFO IM NEUEN RATHAUS /// RATHAUSPLATZ 3 ///

# FLUCH UND SEGEN DER DREI FLÜSSE
*Passau – an den Flüssen*

Das Wichtigste in Passau sind die Flüsse Donau, Inn und Ilz. Sie prägen das Bild der Stadt nicht nur geografisch, sondern durch die Hochwasser auch in den Medien. Es muss eine besondere Laune der Natur gewesen sein, dass die drei Flüsse an einem Punkt zusammenfließen und ihre Farben vermischen. Dreiflusseck oder Ortspitze nennen wir Passauer diese reizvolle Stelle. Wer sich ihr auf einem Ausflugsschiff gegen die Fließrichtung nähert, meint, es kommt ein überdimensionaler Dampfer entgegen: vorne der parkähnliche Bug mit Spielplatz und Sitzbänken, dahinter sich auftürmend die barocke Altstadt.

Von der Wallfahrtskirche Mariahilf oberhalb der Innstadt hat man eine gute Übersicht auf das Stadttheater, die sonnenverwöhnte Innpromenade und den dominierenden, weiß getünchten Dom. Hoch über Donau und Ilz thront die Veste Oberhaus, die ein Museum beherbergt. Der Aussichtsplatz oberhalb ist der beliebteste, nicht zuletzt weil es dort ein neues Restaurant gibt. Während wir auf der Terrasse einen Espresso trinken, sehen wir hinunter auf die Donaulände, das Hotel Wilder Mann mit dem renommierten Glasmuseum und das Alte Rathaus. Dessen rechte Ecke sollten Sie sich genauer ansehen: Hier sind die Pegelstände der schlimmsten Hochwasser angezeichnet. 12,89 Meter hoch stand die Donau bei der Jahrhundertflut im Juni 2013. Diese kam in ihrer Heftigkeit so überraschend, dass selbst die hochwassergeübten Passauer einen Schrecken bekamen. Viele verloren ihr ganzes Hab und Gut.

Unter Wasser standen Geschäfte, Hotels, Restaurants und Galerien sowie das Museum Moderner Kunst und die berühmte Musik- und Kabarettbühne Scharfrichterhaus. In dessen Dunstkreis trifft man oft Passauer Künstler-Urgesteine an, zum Beispiel Fotograf und Kabarettist Rudolf Klaffenböck, Glaskünstler Horst Stauber und Sängerin, Schauspielerin und »Saudirndl« Barbara Dorsch.

🖋 Besucher des OberhausMuseums haben Zutritt zu einem Aussichtspunkt mit besonderem Charme: die Batterie Linde mit Blick auf Donau, Inn und Ilz.

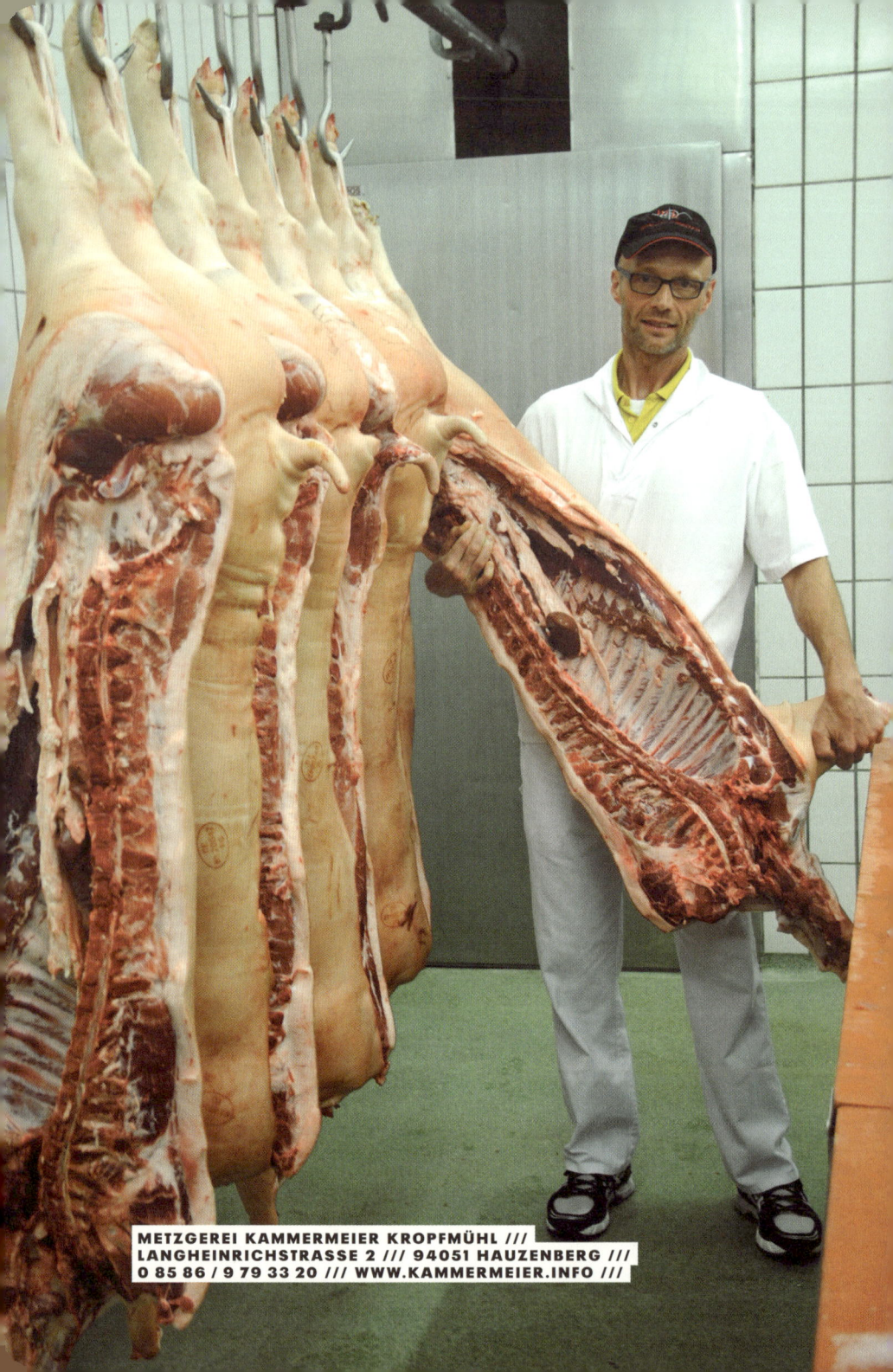

METZGEREI KAMMERMEIER KROPFMÜHL ///
LANGHEINRICHSTRASSE 2 /// 94051 HAUZENBERG ///
0 85 86 / 9 79 33 20 /// WWW.KAMMERMEIER.INFO ///

# EIN ERNÄHRUNGSBERATER, DEM ES UM DIE WURST GEHT

*Kropfmühl – Metzgerei Kammermeier*

## 65

Sie brauchen für Ihre Wanderung noch ein paar Wurstsemmeln oder für zu Hause ein schönes Steak? Schauen Sie doch bei der Metzgerei Kammermeier in Kropfmühl bei Hauzenberg vorbei. Dort bekommen Sie, was Sie brauchen – von einem Metzgermeister, der nicht nur Fleisch und Wurst verkauft, sondern auch geprüfter Fitnesstrainer, Ernährungs- und Gesundheitsberater ist.

Wog Hubert Kammermeier als Junge 130 Kilo, wurde er später Kettenraucher, Familienvater, Marathonläufer, süchtig nach Sport – und nach Arbeit. Als sein Vater starb, war er gerade mal 21 Jahre alt. 1987, mit 24, übernahm er von der Mutter die vom Großvater gegründete Landmetzgerei und baute diese später komplett neu. Eigener Vieheinkauf, eigene Schlachtung, eigene Zerlegung und Produktion der Ware – daran hat sich bis heute nichts geändert. Doch eine Sache ist dazugekommen: Durch den Sport auf gesunde Ernährung aufmerksam geworden, gründete Kammermeier 2007 mit *Bioline* eine eigene Produktschiene für Biofleisch und -wurst.

2009 haute es den Tausendsassa aus seinem »Vollgasleben« raus: Bei ihm wurde Krebs diagnostiziert, nur knapp entging er dem Tod. »Der Krebs ist nicht runtergefallen und hat mich zufällig erwischt. Den hab ich mir schon selber so gebaut«, sagt Hubert Kammermeier, »durch meine extreme Lebensweise bin ich heute da, wo ich bin. Bio ist mein Herzblut.« 2012 baute er für die Bioschiene ein eigenes Schlachthaus, die Tiere bezieht er von Biobauern aus der Region. Besonders schwärmt der geprüfte Ernährungsberater für die Stärfl-Wurst aus Bioputenfleisch, Sonnenblumenöl, Wasser und Gewürzen, benannt nach seinem Bio-Geschäftspartner Thomas Stärfl. »Abends mache ich immer Brotzeit ohne Brot. Stärfl-Wurst und gedünstetes Gemüse – da schläfst du wie ein Kind, regenerierst dich und nimmst ab«, sagt Hubert Kammermeier.

🖉 Der Metzgerei ist ein kleiner Supermarkt angegliedert. Gegenüber befindet sich das Besucherbergwerk Kropfmühl, Deutschlands einziges Graphitbergwerk.

GASTHAUS LANZ /// MARKTPLATZ 16 ///
94107 UNTERGRIESBACH /// 0 85 93 / 2 35 ///

# EIN WIRTSHAUS, DAS AUF DIE 400 ZUGEHT
*Untergriesbach – Gasthaus Lanz*

Als ich einem Bekannten von meinem Buchprojekt erzählte, riet er mir sofort:»Dann musst du auch zu der Lanz Mare nach Untergriesbach fahren.« Die Internet-Recherche nach dieser Gastronomie verlief frustrierend – und machte mich neugierig: Dieses Wirtshaus hat keine Website und existiert trotzdem. Geht das?

Und wie. 1591 gebaut, beherbergt das denkmalgeschützte Haus am Marktplatz seit 1623 ein Wirtshaus. Es ist ein seltenes Beispiel einer Nebenerwerbsgaststätte, denn die Gastronomie gehört zu einer Bullenmast mit aktuell 300 Bullen. Der Inhaber Ludwig Hartl übernahm Land- und Gastwirtschaft von seinen Eltern und setzte das Gasthaus vorbildlich instand. Der vorige Eigentümer war Johann Lanz, und diesen Hausnamen trägt das Gasthaus noch heute.

Geblieben ist auch das über 100 Jahre alte Mobiliar. Eine weitere Besonderheit ist ein kleines Guckloch in der Außenwand mit Blickrichtung zur Kirche. So konnte der Wirt früher sehen, wenn die Leute aus der Messe kamen – und schon mal mit dem Bierzapfen anfangen.

Zu einiger Bekanntheit bis nach Passau gelangte die Wirtschaft durch Ludwig Hartls Mutter, die resolute Lanz Mare. Noch mit 85 Jahren stand sie hinterm Tresen, fast bis zu ihrem Tod 2008 schenkte sie Bier aus. Allerdings nicht an bereits betrunkene Neuankömmlinge. »Und auch nicht an Leute, die ihr als nicht zahlungsfähig erschienen«, erinnert sich die jetzige Wirtin Isolde Hartl.

Deren Currywurst kostet keine vier Euro, und auch die deftigen Fleischgerichte sind günstig. Unter den Gästen finden sich die »Lanz'n Käfer-Frauen«, die Untergriesbacher Ringer, Landwirte, ein Chor, ein Ärzte-Stammtisch, Urlauber – und die Italiener aus dem Partnerort Civezzano, die das Wirtshaus »molto bello« finden. Bekanntester Besucher ist der Schauspieler Ottfried Fischer, der aus Untergriesbach stammt.

🗨 Hinter dem Tresen steht ein gerahmtes Foto der Lanz Mare, auf dem Tresen liegen zwei Bücher über historische Wirtshäuser mit Infos zum Gasthaus Lanz.

EGON URMANN GEHT MIT SEINEN GÄSTEN GERNE ZUM GOLDWASCHEN
AM ZUSAMMENFLUSS VON GRASIGER UND WARMER MOLDAU ///
ORTSTEIL UNTERHÜTTE, NÄHE SPORTPLATZ /// CZ 38442 LENORA ///

EGON URMANN /// LENORA 17 /// CZ 38442 LENORA ///
00 42 / 0 388 438 683 /// MOBIL: 00 42 / 0 602 674 863 ///

Egon Urmann aus Lenora ist ein echter Böhmerwäldler. Was das heißt, ist in aller Kürze eigentlich nicht zu erklären. Sie sollten ihn schon kennenlernen. Das wiederum ist nicht so schwer. Begleiten Sie den leidenschaftlichen Gästeführer einfach zu den Lieblingsplätzen seiner Heimat. Zum Zusammenfluss von Grasiger und Warmer Moldau in Unterhütte, wo er gerne Gold wäscht, zum fünf Kilometer langen Holzhauer-Dorf Dobrá, in dem die Wohnhäuser auf der einen Straßenseite stehen und Forsthaus, Schule und Mühle auf der anderen. Und nach Böhmisch Röhren, wo Egon Urmann im Januar 1945 geboren wurde. Als Sohn eines Glasmachers, als Deutscher im damals reichsdeutschen Böhmen, mit einem Hakenkreuz im Geburtsschein.

Doch weil Böhmen nach dem Zweiten Weltkrieg wieder tschechoslowakisch wurde und die deutsche Staatsbürgerschaft nicht anerkannt war, blieb der Bub Egon zunächst staatenlos. Seinen Eltern wurde der Besitz entzogen, aber nach Deutschland vertrieb man die Urmanns ebenso wenig wie 200 andere Deutsche im Glasmacherdorf Lenora: Fachkräfte, die man brauchte, mussten bleiben. 1953 wurde der Familie die tschechoslowakische Staatsangehörigkeit zugewiesen, und seit 1992 ist Urmann zusätzlich auch wieder deutscher Staatsbürger. »Ich kann Tschechisch so gut wie Bayerisch. Nur wenn ich Hochdeutsch sprechen soll, komme ich ins Schwitzen«, sagt er heute schmunzelnd. In seiner Kindheit geriet ihm der deutsch-tschechische Konflikt zur Zerreißprobe: Verbitterten seine Eltern unter der Diskriminierung durch die Tschechen, hörte er in der Schule, wie faschistisch doch die Deutschen seien.

»Dazwischen« zu stehen, prägt Egon Urmanns Leben bis heute, doch nunmehr positiv im Sinne der Völkerverständigung. 1991 vermittelte er 120 tschechische Arbeitskräfte nach Bayern. Und seit 1990 ist er Gästeführer – mit Liebe, Goldwaschpfanne und Zeitzeugen-Bonus.

✿ Der alternative Veranstalter *Begegnung mit Böhmen* bietet Kultur-, Literatur- und Naturreisen an, die von GEOSaison mehrfach ausgezeichnet wurden.

**NICHTS FÜR ANFÄNGER: SURFEN AUF DEM MOLDAUSTAUSEE**

GEDENKSTÄTTE VON ADALBERT STIFTER IN HORNÍ PLANÁ ///
PALACKÉHO 21 /// CZ 38226 HORNÍ PLANÁ /// 0 04 20 / 380 738 473 ///
WWW.HORNIPLANA.CZ ///

MOLDAU-STAUSEE (LIPNO) /// CZ 38226 HORNÍ PLANÁ ///

# SURFEN MIT STIFTER
*Lipno (Moldaustausee) – Horní Planá (Oberplan)*

Schwimmen, segeln, surfen – Sie finden, das klingt mehr nach Südsee als nach Šumava? Wenn Sie sich da nur mal nicht täuschen! Der Moldaustausee Lipno im Nationalpark und Landschaftsschutzgebiet Böhmerwald hat all das und mehr zu bieten.

Entstanden 1959 nach dem Bau einer Staumauer zum Hochwasserschutz der Städte Budweis und Prag, bekam er den Spitznamen »Böhmerwald-Meer«. Das östliche Ufer von Tschechiens größtem See durfte lange Zeit allerdings nicht betreten werden: Kurz nach Ende des Zweiten Weltkriegs hatte die kommunistische Regierung dieses Gebiet zur militärischen Sperrzone erklärt, viele Dörfer waren zerstört und entvölkert. Die Natur konnte sich dadurch weitgehend ungestört entwickeln, was sich später für den Tourismus als förderlich erwies.

Den 42 Kilometer langen See besuchen heute hauptsächlich Urlauber aus Tschechien, Deutschland, Österreich und den Niederlanden. Auf den Campingplätzen geht es unkompliziert zu, und wenn Sie möchten, dürfen Sie vor Ihrem Zelt oder Wohnmobil Ihr eigenes Lagerfeuer machen. Tagsüber gehen Sie paddeln, angeln, radeln und wandern. Oder Sie begeben sich auf die Spuren von Adalbert Stifter. Der österreichische Schriftsteller, dessen Erzählungen teilweise in Böhmen spielen, kam 1805 in Horní Planá (Oberplan) zur Welt. Sein Geburtshaus ist als kleines Museum eingerichtet.

Einen Namen gemacht hatte sich Stifter als Meister der biedermeierhaften Naturdarstellung: »(...) die Luft war unbeweglich, blank und dunkelblau – nur der Bach, von seinem Gesetze gezwungen, sprach unaufhörlich fort, flüchtig über den Schmelz seiner Kiesel schlüpfend wie über eine bunte Glasur«, schreibt er im Roman *Hochwald*. Und egal, ob Sie diese Zeilen eher anspannen oder entspannen, wo Stifter geboren ist, kann man sich gut erholen. Es gibt sogar einen Sandstrand. Nur schnorcheln geht nicht. Zu wenig Sicht.

🚲 Ausgehend von Nová Pec am östlichen Stauseeufer bietet sich für Fahrradfahrer eine Dreiländer-Tour durch Österreich, Deutschland und Tschechien an.

NORDISCHES ZENTRUM BÖHMERWALD /// SCHÖNEBEN 10 ///
A 4161 ULRICHSBERG /// LOIPENAUSKUNFT BEIM TOURISMUSVERBAND
BÖHMERWALD: 00 43 / 57 89 01 00 /// WWW.BOEHMERWALD.AT ///

Ein märchenhaft verschneiter Winterwald, sanfte Berge und Täler, kein Motorengeräusch weit und breit: Das ist Langlaufen im Nordischen Zentrum Böhmerwald im oberösterreichischen Schöneben/Ulrichsberg. Still ist es zwischen schneebedeckten Bäumen, zu hören nur der eigene Atem, das Rutschen der Skier, der rhythmische Einsatz der Stöcke. Bei blauem Himmel und Sonnenschein genieße ich bergab die Erholung und den Fahrtwind. Bergauf geht mein Puls hoch, und zwischen den Schüben dampft es in Stößen heiß aus meinem Mund.

Langlaufen – vor allem das Skaten – ist für mich die ideale Kombination von »a'daun« (anschieben) und »gleit'n loss'n«. Das Gefühl, nach jedem Krafteinsatz ein paar Meter zu schweben, erinnert mich ans Rudern. Bei beiden Sportarten kommen fast alle Muskelgruppen zum Einsatz, gefragt sind Ausdauer und Kraft, Gleichgewicht und Koordination.

Doch zurück nach Schöneben: Das Loipennetz des Nordischen Zentrums Böhmerwald umfasst auf 800 bis 1.100 Metern Meereshöhe knapp 80 Kilometer präparierte Routen. Alle Strecken sind sowohl für Skater als auch für klassische Läufer gespurt. Sie sind zwischen drei und 15 Kilometer lang, ihre Schwierigkeit wird meist mit mittel bezeichnet. Einen besonderen Reiz haben für mich die Loipe Sonnenwald zum Gasthaus Blauer Hirsch nahe der tschechischen Grenze und die Loipe Moldaublick.

Beim Einstieg Schöneben gibt es eine plattgewalzte Fläche, auf der man das Langlaufen ausprobieren oder an der Technik feilen kann. Kinder üben spielerisch auf einem Rundkurs mit Schanze, Wellenbahnen und Torlauf. In der neugebauten BöhmerWaldArena lässt es sich gut Pause machen: Dort findet man neben Umkleiden und Duschen ein Restaurant sowie Langlaufschule und Verleih. Dienstags und donnerstags kann man abends bei Flutlicht »a'daun und gleit'n loss'n«.

⌀ In der Nähe liegt das österreichische Skigebiet Hochficht. Langlauf-Gebiete in Bayern sind neben anderen der Bretterschachten am Arber, Breitenberg, Mauth. Böhmen: Kvilda.

VILLA SINNENREICH /// BAHNHOFSTRASSE 19 /// A 4150 ROHRBACH / OÖ /// 00 43 / 72 89 / 2 24 58 20 /// WWW.VILLA-SINNENREICH.AT ///

# EINE FRAGE DER WAHRNEHMUNG
*Rohrbach – Villa sinnenreich*

Erinnern Sie sich, als in den 90er-Jahren die ersten Bücher mit 3D-Bildern aufkamen? Haben Sie es geschafft, Ihren Blick so zu verändern, dass aus den wirren, bunt gemusterten Abbildungen plastisch erscheinende Figuren hervortraten? Wenn Sie das spannend fanden, sollten Sie die *Villa sinnenreich* besuchen, ein Museum der Wahrnehmung im österreichischen Rohrbach. Um die verblüffenden Exponate und Sinnestäuschungen von mehr als 50 Künstlern zu erleben, gilt es, selbst aktiv werden: Es wird Ihnen nichts anderes übrig bleiben, als immer mal wieder ein Auge zuzudrücken. Sie werden mehr sehen, Ihren Standpunkt verändern und zu Erkenntnis gelangen.

Zu welcher Erkenntnis, wollen Sie wissen? Nun ja, zu der, dass wir uns ganz schön leicht täuschen lassen. »Das ist auch gut so«, findet der ehrenamtliche Museumsführer Anton Brand, »das Wort optische Täuschung ist oft negativ behaftet. Dabei ist es doch schön, wenn man sich auf eine Illusion einlassen kann.«

Sie lassen sich also ein – und es funktioniert: Frei und scheinbar chaotisch im Raum hängende Streben formieren sich zu einem Würfel. Ein tatsächlich in einer Ecke hängender Würfel neigt sich mit, wenn Sie in die Hocke gehen. Eine Frau hat plötzlich einen Bart, im begehbaren Kaleidoskop verlieren Sie Zeit und Raum. Im Spiegel-Oktogon heben mit Ihnen noch mindestens Tausend andere Leute ihre Arme. Und auch wenn Sie die meisten nur von hinten oder von der Seite erkennen: Alle sehen sie genauso aus wie Sie.

Die Studenten den Kunst-Universität Linz, die bei der Umsetzung der Ausstellung mitwirkten, haben ihr Ziel erreicht: In dem Museum ist alles anders, als man zunächst denkt. Kein Wunder, dass man die Eintrittskarte essen kann. Heben Sie diese bitte auf. Nach so viel spaßiger »Ent-Täuschung« kann eine kleine Stärkung nicht schaden.

✍ Der sechs Kilometer lange Rundwanderweg, der bei der Villa beginnt, bietet in der schönen Landschaft des Mühlviertels 18 Stationen zur Förderung der Wahrnehmung.

TEUFELSSCHNELLEN VYŠŠÍ BROD

KLÁŠTER VYŠŠÍ BROD /// KLÁŠTER 137 /// CZ 38273 VYŠŠÍ BROD ///
0 04 20 / 380 746 674 /// WWW.KLASTERVYSSIBROD.CZ ///

# EIN KLOSTER, DAS AUCH
# SCHON KASERNE WAR

*Vyšší Brod (Hohenfurth) – Zisterzienserabtei*

Ein sonniger Samstag in Vyšší Brod (Hohenfurth), 30 Kilometer südlich von Český Krumlov (Krumau). Auf dem Parkplatz am Moldau-Ufer sind nur noch wenige Lücken frei, die Terrasse der angrenzenden Gaststätte ist voll besetzt. Auf der anderen Straßenseite erhebt sich das Zisterzienserkloster Vyšší Brod. In dessen Innenhof sammeln sich immer mehr Ausflügler, viele davon aus Deutschland und Österreich. Kirchlich, geschichtlich und kunsthistorisch Interessierte stoßen hier auf eine enorme Fülle von Kunstwerken, Eindrücken und Informationen.

1259 gegründet und bis heute ein kulturelles und geistiges Zentrum Südböhmens, hat das Kloster eine wechselhafte Geschichte hinter sich: Während der Hussitenkriege im 15. Jahrhundert wurde die gotische Kirche beschädigt, während des Dreißigjährigen Kriegs plünderte das Militär das Kloster. Mit der Besetzung des Sudetenlandes gliederte man das Gebiet kirchlich der Diözese Linz an, 1941 hob die Linzer Gestapo das Kloster auf. Die Räume dienten als Lager für deutsche Umsiedler und gegen Ende des Zweiten Weltkriegs als Lazarett. Danach feindeten die kommunistischen Behörden das Kloster an, 1950 wurden die Mönche ein zweites Mal vertrieben. Später quartierte man Grenzschutztruppen ein, um die nahe österreichische Grenze zu bewachen. Seit den 80er-Jahren standen viele Gebäude leer oder verfielen. Nach der Wende 1989 kehrten zwei Patres zurück und bauten – mit materieller Hilfe aus Österreich und Deutschland – wieder eine Zisterzienser-Gemeinschaft auf. Sieben Mal pro Tag versammeln sich die Mönche zum Gebet, daneben arbeiten sie im Kloster.

Wer an einer Führung teilnimmt, lernt neben der Kirche den gotischen Keller, die Gemäldegalerien, die Bibliothek und das Zawisch-Kreuz kennen, eine überaus reich geschmückte Reliquie, die zum nationalen Kulturgut zählt.

✍ Leihen Sie sich in Vyšší Brod ein Kanu aus und paddeln die herrliche Moldau hinunter. Die Abholung vom Zielort ist unkompliziert und im Preis inbegriffen.

ČERTOVA STĚNA /// CZ 38273 VYŠŠÍ BROD /// WWW.JIZNICECHY.ORG ///

»Wiesu denn bluß, wiesu tut sie nur su?« – wer das Gebiet um den Felsen Čertova stěna (Teufelswand) durchstreift, meint fast, die Rumpelwichte aus dem schwedischen Kinderfilm *Ronja Räubertochter* zu hören, so wildromantisch ist es hier. Noch scheint die Sonne durch das Herbstlaub. Doch unter den chaotisch angehäuften Granitbrocken warten wohl die Graugnome bereits auf das Dunkel der Nacht. Diese Landschaft regt die Fantasie an, schon hält man nach den Wilddruden Ausschau. Und ist da unten nicht der Fluss, an dem Ronja mit ihrem rotgelockten Freund Birk Borkason beim Angeln war?

Nein, denn wir sind nicht in Schweden, sondern in Tschechien. Das Flussbett, Teufelsschnellen genannt, gehört der Moldau und fasziniert mit tonnenschweren, abgeschliffenen Felsblöcken im Wasser. Hoch oben thront mit der Čertova stěna einer der meistbesuchten Felsen Südböhmens – ein seltenes Naturgebilde, das durch die Frostverwitterung des Granitmassivs entstand, umgeben von einem zehn Hektar großen Steinmeer. 1956 wurde das Gebiet zum Naturreservat erklärt. Zusammen mit dem angrenzenden Reservat um den Berg Luč ist das Schutzgebiet insgesamt gut zehn Mal so groß.

Und auch wenn es doch nicht der Räubertochter Heimat ist: Auf der lang gezogenen Čertova stěna herumzukraxeln, ihre geraden Linien und Abstufungen zu bewundern und im Tal die Moldau glitzern zu sehen, lässt einen sich trotzdem fühlen wie im Märchen. Kein Wunder, dass sich um den Felsen Sagen ranken. Die bekannteste berichtet von einem Teufel, dem der Bau des Klosters im nahen Vyšší Brod ein Dorn im Auge war. Mit einem Steindamm quer über das Flusstal wollte er das Wasser stauen und damit das Stift überfluten. Doch als es Mitternacht wurde, brach die Staumauer ein, und die Felsblöcke überschütteten das Flussbett und die anliegenden Abhänge. Gut für das Kloster. Und für die Rumpelwichte.

☞ Der Felsen liegt 5 Gehminuten vom Parkplatz an der Straße von Vyšší Brod nach Loučovice entfernt. Er ist von beiden Orten auch zu Fuß (3 Kilometer) zu erreichen.

**INFOCENTRUM ČESKÝ KRUMLOV ///**
**NÁMĚSTÍ SVORNOSTI NR. 2 /// CZ 38101 ČESKÝ KRUMLOV ///**
**0 04 20 / 380 704 621 623 /// WWW.CKRUMLOV.CZ ///**

# WELTERBE FÜR KULTURFREAKS
# UND WASSERSPORTLER

*Český Krumlov (Krumau) – Altstadt*

Die Wände in der Gaststube der Pension *Na louži* in Český Krumlov (Krumau) sind holzverkleidet und mit alten Werbetafeln für Bier und Kolonialwaren verziert. Die Tische und Stühle sind einfach, die Gerichte typisch böhmisch. Und auch wenn nach dem Gulasch ein Becherovka naheläge, empfiehlt der Kellner Nussschnaps. Auf lange Sicht kommt der wohl besser an. An diesem Sonntag steht auf einer Tafel geschrieben: »Tonight Live Music«.

Kann Südböhmen entschleunigend und melancholisch wirken, pulsiert in Krumau das Leben. 1992 zum UNESCO-Weltkulturerbe ernannt, zieht die 13.000-Einwohner-Stadt heute Touristen aus aller Welt an. Das Schloss Český Krumlov hoch über der Stadt gehört mit seinen 40 Gebäuden und Palästen, der beeindruckenden Architektur und der kulturellen Tradition zu den bedeutendsten Baudenkmälern Mitteleuropas. Kulturfans können Besichtigungstouren unternehmen, im Schlossgarten flanieren, Klassik-Konzerte oder eine Aufführung im Freilichttheater mit drehbarem Zuschauerraum genießen. Kunstfreunde besuchen das *Museum Fotoatelier Seidel* mit historischen Böhmerwald-Aufnahmen oder das moderne *Egon Schiele Art Centrum*.

Doch in der Stadt, durch die sich in Schleifen die Moldau windet, fühlt sich noch eine weiteres Spezies wohl: die Kanufahrer. Patschnass vom letzten Wasserschwall leeren sie am Ufer ihre Boote aus und sorgen so für ein weiteres Schauspiel.

Abends dann, in der Gaststube unserer Pension, vertieft sich ein älterer Mann in sein Akkordeonspiel. Sein Kompagnon ist auch nicht mehr der Jüngste, aber groß, fesch und der »Einpeitscher« des ungleichen Paares. Fröhlich stimmt er die Stücke an und fordert die Frauen zum Tanzen auf. Tschechische Volkslieder, alle singen mit, nur die zwei Japaner und wir nicht, aber egal. Noch ein Bier, noch ein Nussschnaps und gerade lustig ist's.

🚗 Das Auto stellt man auf einem der kostenpflichtigen Parkplätze außerhalb der Altstadt ab. Die Wege sind kurz.

MORGENSTIMMUNG AUF DEM LUSEN

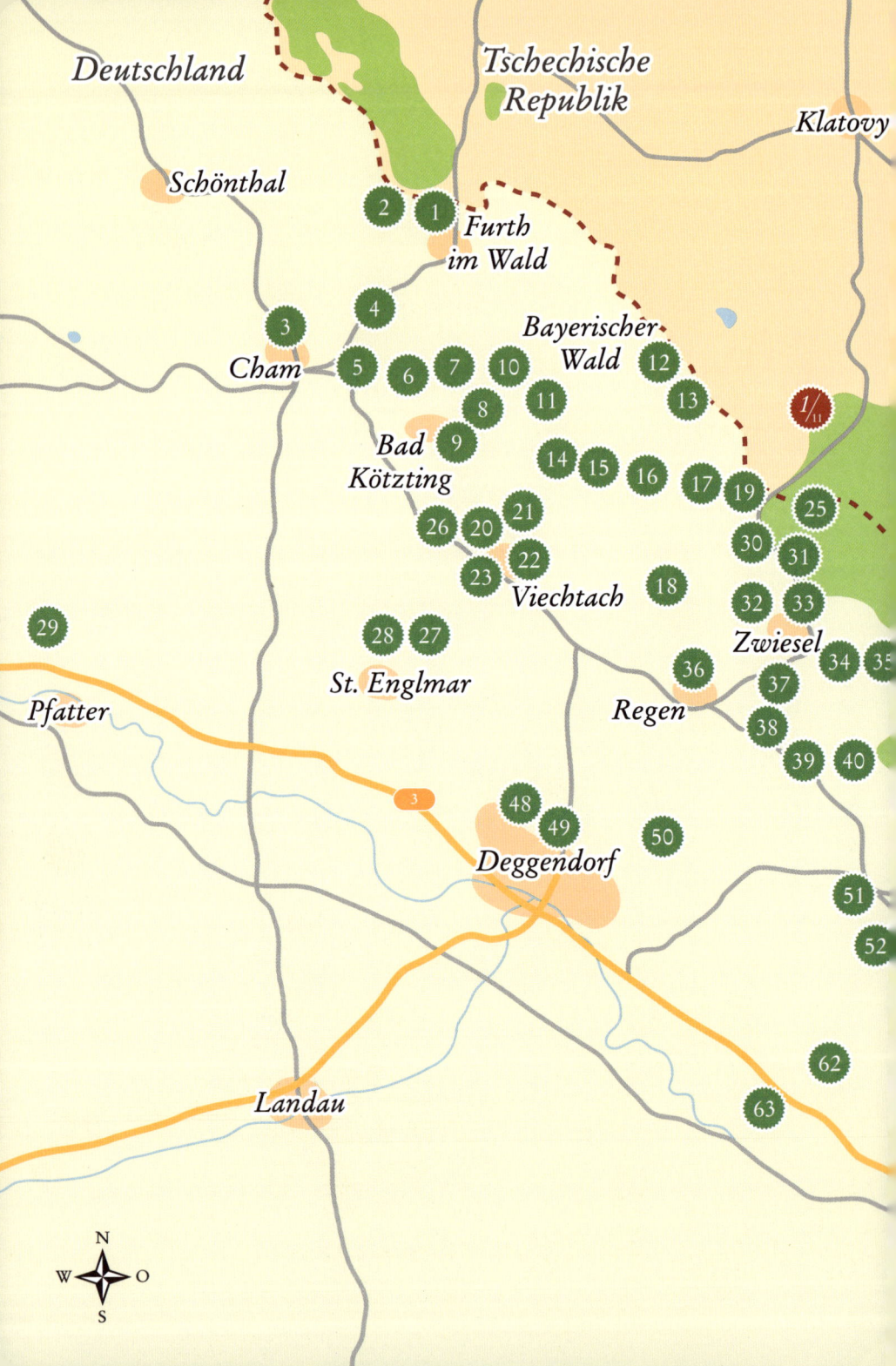

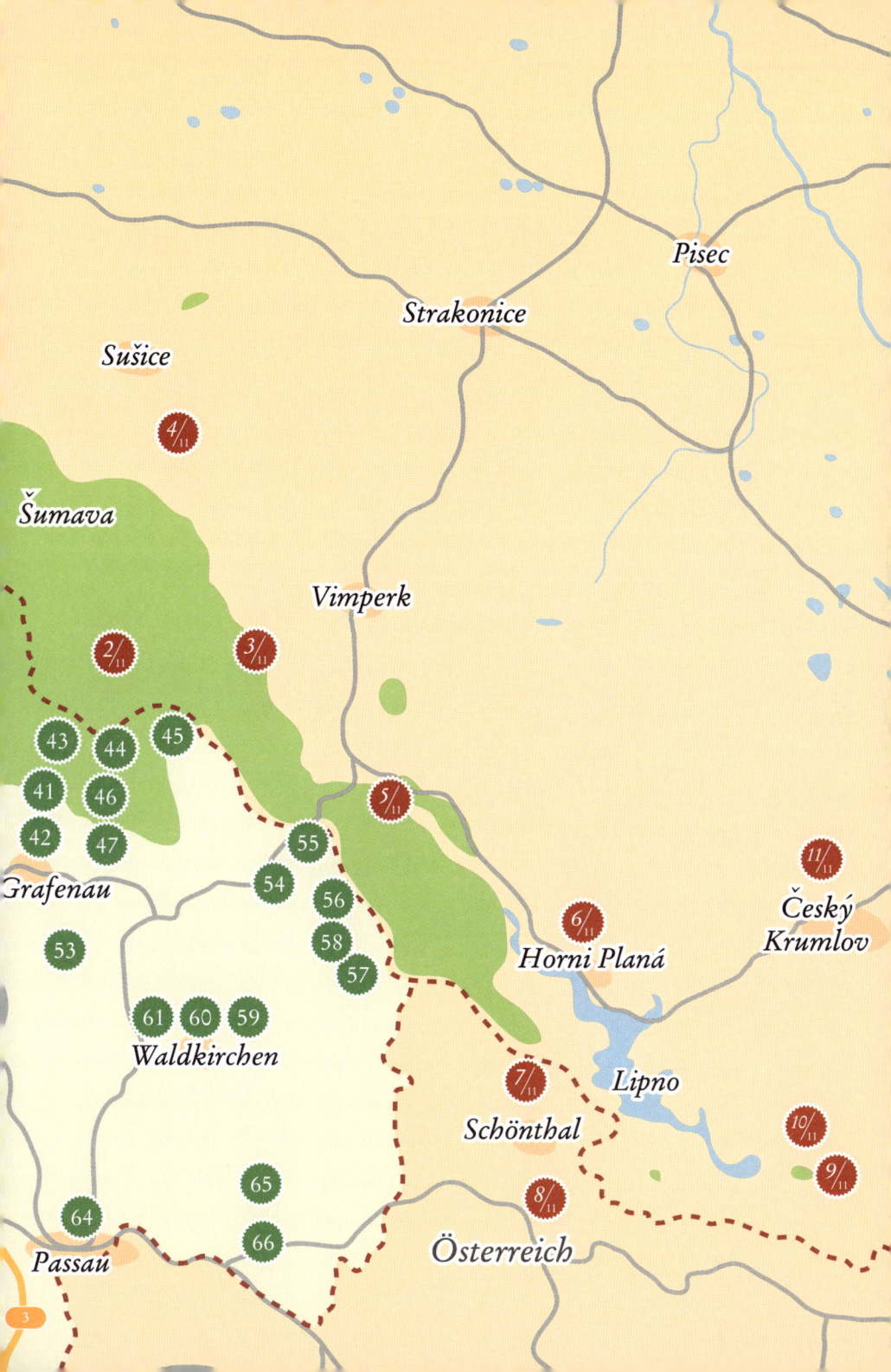

Pisec

Strakonice

Sušice

4/11

Šumava

Vimperk

2/11    3/11

43    44    45

41    46

42    47    55

Grafenau    54

56

53    58

57

61    60    59

Waldkirchen

65

64

66

Passau

5/11

6/11

Horni Planá

Český
Krumlov

11/11

Lipno

7/11

10/11

Schönthal

9/11

8/11

Österreich

## REGISTER

# AUF MÖRDERSUCHE
# IN IHRER NACHBARSCHAFT

GMEINER

# »Mord unterm Watzmann«

Im Nationalpark Berchtesgaden zerreißt ein Schuss die Stille. Die junge Studentin Anna will eigentlich nur ein Praktikum hier machen, doch dann gerät sie an den gewalttätigen Parkranger Veit Brenner. Er scheint den Naturschutz etwas zu ernst zu nehmen. Ist er wirklich so gefährlich, wie die Leute sagen? Sind es die Adler, die angeblich Menschen angreifen? Oder lauert eine andere, tödliche Gefahr in den schönen Tälern um den Königssee?

*Adlerblut*
*Markus Bennemann*
*978-3-8392-1511-1*

# ENTDECKEN SIE WEITERE LIEBLINGSPLÄTZE!

✍ Liebevoll ausgestattete Reiselesebücher mit individuellen Tipps,
die Lust aufs Entdecken und mehr machen.

ISBN 978-3-8392-1472-5

ISBN 978-3-8392-1367-4

ISBN 978-3-8392-1555-5

ISBN 978-3-8392-1627-9

ISBN 978-3-8392-1553-1

ISBN 978-3-8392-1358-2

DIE SCHÖNSTEN ORTE MIT DEN AUGEN DES AUTORS BETRACHTEN –
LASSEN SIE SICH ENTFÜHREN!

GMEINER